爱自己是终生浪漫的开始

百合 著

山西出版传媒集团
北岳文艺出版社 · 太原

图书在版编目(CIP)数据

爱自己是终生浪漫的开始 / 百合著 . —太原 ： 北岳文艺出版社， 2020.4

ISBN 978-7-5378-6171-7

Ⅰ . ①爱… Ⅱ . ①百… Ⅲ . ①散文集–中国–当代 Ⅳ . ① I267

中国版本图书馆 CIP 数据核字（2020）第 046115 号

爱自己是终生浪漫的开始

百合◎著

出品人
赵瑞

策划
张丽

责任编辑
张丽

封面摄影
小洛

书籍设计
张永文

印装监制
郭勇

出版发行：山西出版传媒集团 · 北岳文艺出版社
地址：山西省太原市并州南路 57 号　邮编：030012
电话：0351–5628696（发行部）　0351–5628688（总编室）
传真：0351–5628680
网址：http：//www.bywy.com　E–mail：bywycbs@163.com
经销商：新华书店
印刷装订：山西人民印刷有限责任公司

开　本：787mm × 1092mm　1/32
字　数：242 千字
印　张：10
版　次：2020 年 4 月第 1 版
印　次：2020 年 8 月山西第 1 次印刷
书　号：ISBN 978–7–5378–6171–7
定　价：39.80 元

“爱自己”这一门功课，我们还没有结业

（代序）

一

我在这个四月的夜晚，关闭了身外所有的杂音，坐在微凉的房间内，敲击下属于这本书的最后一篇文字。

这本散文集，已经是我的第三本书。不同之处在于，之前两本都与《红楼梦》有关，这一次，终于可以不用依托名著的底子，直抒胸臆地说出自己对生命的种种体悟。

这些体悟，我攒了大概有三五年之久，当然写的远远不止这二十余万字，我在诸多以往写就的稿子里反复遴选才成书。文字不像天上的飞鸟，飞过去就飞过去了，天空可以不留翅膀的痕迹。文字如同脚印，是正是歪，是深是浅；从何处来往何处去，中间曾做过哪些停留和彷徨，都有迹可循，糊弄不了人。

我一篇一篇看过去，每看一篇都要“拷问”自己的灵魂：

你当时写它的时候，是发自内心的吗？

你信你自己写的这些吗？包括现在，你的观点有改变或动摇吗？

你真的没有半点哗众取宠的小心思，或者无病呻吟的矫情吗？

这样的文字你确定值得被收录成书吗？读者买去看确定不是在浪费“银子”和工夫吗？

对于一个作者而言，自己的作品出版上架不是终点，而是起点，我不愿意数年之后翻开它，自己都替自己汗颜，为这些洁白的纸张不值。

毕竟市面上“鸡汤”散文泛滥，几乎榨干了人们所余不多的好感。

写一本温暖明晰的散文集，是我多年来一以贯之的梦想，我将之视作对这泥沙俱下的美好世界的一种“反哺”。那些承载着治世思想的、激荡宏大的文字固然深刻有力，但是谁又能说挤地铁、上班打卡、在人群里周旋、与自己较劲等等这些关于平凡生活的事情，就没有书写的意义呢？ 螺蛳壳里做道场，并不容易。

在这本书里，有我对生活、健康、职场、人际关系、生命要义的诸多思考，拉拉杂杂，不一而足，是一个“时刻在成长的人”的阶段性成长总结。

那些对生命的认识和看法，不是抄来的偷来的、坐在屋里憋出来的、半夜做梦梦出来的，而是实实在在从我的心脏里生发出来，从血液里流淌出来，是我想要通过我自己的手与口准确表达出来的。白纸黑字，落笔无悔。尽管可能幼稚肤浅，但真诚从不缺斤短两。

我愿意做一个偏安一隅的小众写作者，记录普通人的生活，并和有缘人一起从中沉淀获益。

细巧的智慧也是智慧——容我自恋。

二

“爱自己是终生浪漫的开始。”

这句话很拉好感，出自王尔德，是很多人经年琢磨之后才能意识到的事，却被一个像妖孽一样的先贤早早一语道破。

没错，我们一生的修习，的确应该从“爱自己”开始。

这个“爱自己”，包括爱惜自己的身体、尊严和才华，爱惜自己的一屋一瓦，一衣一饭；

包括爱自己的家人、朋友，和迎面走来微笑着的陌生人，给自己营造一个充满爱的氛围；

还包括及时止损，果断切割那些消耗大于滋养的关系，清除那些伤害自己的人；

更包括努力实现自己的目标和价值，一生太短，不虚度华年；

也包括厘清现实，不与自己为难，与生活握手言欢，相看两不厌。

一个身体健康、内心丰盈、精神充实的人，才是真正意义上爱自己的人，与获得多大的名利无关。

当我问朋友们，该给我的书起个什么名字时，在众多的备选书名中，大家的观点出奇一致，齐齐选中了这个："爱自己是终生浪漫的开始。"太好了，这是来自当下世界的声音，我们终于集体性地开始把注意力回归到自身。

而这，也正是我这本书里明明暗暗一直在强调的事啊！

在这本书里，我絮絮叨叨说"对身体不好，是要遭报应的"，说"你过得不好，是因为太乖"，说"对痛苦的过度追问，是二次伤害"，说"就算身处尘埃，也要努力开花"，说"来吧，这泥沙俱下的美好生活"……毕竟，只有一个懂得爱自己的人，才能爱得动别人，爱得起生活。

三

回忆童年，经常出现在脑海里浮现的画面，是一朵娇艳的石榴花“啪嗒”一下，掉在泥水里的刹那。

下雨了，大人拉着我往家跑，当时的我只有大人一半高，手里捏着一朵刚摘的石榴花。雨急风大，视线模糊，石榴花花托光滑，我没捏牢，它从指间滑落，跌进脚边的水坑里。很乖的我没有捡，只是边跑边回头，眼睁睁看着它在视线里越来越远，像一个漫天风雨中被遗弃的孤儿。

按说不至于，童年明明有很多开心事的，何以我却偏偏总想起这一件。

后来的我常想，如果当时小小的我强行蹲下身，把它捡起来带回家，它第二天也会变蔫儿发黑，也一样会被丢出去，但是结果却是不同的，我会放下它。

那朵石榴花，像一个小伤疤，积存在心中。

你永远不知道，那些在别人看来微不足道的小事情对于当事人的意义。

王菲有一首歌叫《给自己的情书》：“做什么也好，别为着得到赞赏。你要强壮到底，再去替对方着想……慰藉自己，开心的东西要专心记起……爱护自己是地上拾到的真理。”

爱自己，也包括爱自己的身外之物，与自己有关的一切事情，不想怠慢的都不容怠慢。

对于很多人而言，应该怎样由表及里地爱自己，是一件需要被唤醒、被教引、被培养的教养，在这件事面前，我们很多人都是“插班生”“旁听生”“留级生”。多少人是从成年以后，才蓦然回首，痛定思痛，意识到这一路走来亏欠了什么，又错过了什么，需要补上这一课。

这本书，适合放在包里、枕边，书房台灯下、马桶水箱上，权作解压或消遣，当你觉得“唔，这句话有道理”时，该说谢谢的是我，是你的阅读让我的诉说有了着落。

愿你我能早日从这间写着“爱自己”的“教室”毕业，活出一个更加从容舒展的姿态，其后，才是浪不浪漫。

百合

2020 年仲春

目　录

美貌是优先入场券，不是永久通行证

聪明女人要互相抬

有一种优雅叫“没门儿”

身处尘埃，也要努力开花

不要嘲笑女人的憔悴

被婚姻打脸，首要是保持体面

美貌是优先入场券，不是永久通行证 |

那个糊信封度日的高知美女

我远在北京的朋友王同学，习惯了早上一上班就向我问好。我们之间的对话经常如下：

她说：“早，美人。”

我回：“美人，早。”

“忙吗？”

“忙。你呢？”

“我糊信封呢！”

“那你糊吧。”

写这篇文字时，王同学已经足足有一周没怎么跟我联系了，因为她最近“又到艰苦的阶段了，五百二十五个信封啊！贴完地址，还要往里装书，再封口。”她这样向我撒娇。

有一次，我跟身边的人谈到她，不留神泄露了她的个人隐私，对方露出幸灾乐祸的表情：“一个名校硕士，念了二十年的书，奋斗到一张在天子脚下糊信封的桌子，要糊信封在他们家乡的小镇邮局里，有多少不够她糊的？”

我立马回敬对方：“说起来挺心酸吧？但是你要注意，糊信封不假，但是在哪儿糊，却是南橘北枳的区别。”

真不是我势利，觉得在京城就高人一等。掰扯掰扯你就明白了：

一样是糊完信封下班，她可以去咖啡店喝一杯手磨的香浓咖啡，要一份精致的简餐；

吃完饭，她会顺势到大书店翻翻新上架的书，或者到电影院看看新上映的大片；

周六上午，她一般都去首都博物馆当义务讲解员，既享受了听众赞许敬佩的注目，又能体尝为人民服务的快乐；

我要去首都某大学办点事，纠结坐飞机还是坐高铁时，她说交给我吧，我住得很近，走两步就到了；

更别提她随时可以看到的高端音乐会和先锋话剧，听到的免费讲座……这些都是显而易见的附加福利。对于一个对精神文化生活有追求的人，就算在这里糊信封也甘之如饴。

我曾经跟王同学探讨过另一种可能，如果她在小镇上糊信封会怎么样？画面如下：

下了班一般是回家开火熬稀饭，实在不想做顶多到街口的小饭店里要一碗羊杂汤，加一块钱可以多添一把粉条；

一到十点街上空无一人，回家看两集电视里的抗日“雷”剧洗洗睡；

就算满腹经纶一腔抱负，小镇上没有相应听众，知音少，弦子拨断了也没人听，反倒看着像个神经病。

还有，别拿首都雾霾说事儿，小镇周边全是焦煤企业，空气污染不比首都轻，只是穷乡僻壤无人关注罢了。

我对她说："可是我听说，小镇生活还有个好听的名字叫安逸。"

她说："没错。寻求安逸也是世界观的一种，但是'连世界还没观过，哪儿来的世界观'啊？"

我想起那部老电影《廊桥遗梦》，年少时看完全无感，男女主角又都不年轻漂亮，苟合了几天后各自回归了自己的生活而已，不明白美国人为什么会全民悸动。

直到前些时电影频道重播，这一遍我看懂了，看得我是真难受，不是为那只有三天却铭记永生的爱情，是为弗朗西斯卡活活被掐死的梦想。

女主是个意大利女青年，喜欢叶芝和古典音乐，会跳舞。在家乡遇到了一个美国大兵，像所有的天真少女一样，她怀揣美国梦满是憧憬地跟着他来到了家乡。

没想到，迎接她的却是一个闭塞落后的美国乡村，和别的男人多说几句话都会被议论，教师梦因为丈夫反对而放弃，从此生儿育女，洗衣做饭，种菜养牛收玉米，成了一个彻头彻尾的农妇……连世界什么样都还没见过的弗朗西斯卡就此被困住，被残酷地困了一辈子。

如果说她是被拐骗来的外国媳妇儿，这说法也不过分。

尽管她丈夫临死时对她说："对不起，弗朗西斯卡，我知道你曾经有过梦想，但是我却没能让你实现。”在我看来，这种道歉充满伪善，一文不值。没有什么能换回弗朗西斯卡在小镇上荒废的一生。

被困井底和返璞归真是两个概念。

回头说小镇姑娘王同学，她大学读的是外语专业，研究生在某政法大学攻读法律，毕业以后做了几年律师，因为深感法律之刻板压抑，自觉还是赚钱来得痛快，于是踏足培训专业，转型成了一名生意人。

痛痛快快挣了些钱，痛痛快快给自己买了部SUV，痛痛快快让一个“闺蜜”以要给母亲看病救命为名，骗走了二十几万再无音信，她对人性失望了一阵子又重新振作：千金散尽还复来，再挣就是。攒了点嫁妆后，扭头考进国家级大报下属的一家报纸做了记者，开始了采访和“写稿佬”生涯。

再后来她遇到真命天子嫁作人妇，干脆回家洗手做羹汤。一日午后觉得无聊，“麋鹿久居苑囿，顿起长林丰草之思”，决定重出江湖。这一次，她进入一家公益性期刊社，从糊信封这样的小事开始做起。

有一天电视里播《非诚勿扰》，有个才子帅哥特别受欢迎，姑娘们都抢着留灯，最后和其中一个牵手成功。

王同学淡淡瞟了一眼，说：“他们长不了。”原来她和这男的之前在业务上有过合作，了解其为人。后来没多久，网上曝出那一对分手了，这男的就是一节目串子，到处蹭着上电视，别看这男的包装得很像精英，但人品真是不敢恭维。

这才叫绚烂之后回归平淡。糊信封虽然简单，不代表糊信封的人也简单。

王同学还眼疾手快地在京郊给自己买了一座院子，种着花和菜，养了一条长毛狗。小院平常托邻居照看，节假日就过去住，她把小二楼的第一层改装成影院和酒吧供自己享受。她学画国画，专攻牡丹，邻居里不乏艺术家，那些人都是上了百度词条的，可谓“谈笑有鸿儒，往来无白丁”。简直就是安妮宝贝的《月棠记》现实版。

看到这里你该明白了，她是“刀枪入库，铸剑为犁；马放南山，卸甲归田”。真正的返璞归真。

而且我相信，以她的才干，绝不可能永远糊信封，放下信封她还能干别的，文能写作加翻译，武能谈判加打官司，只要她愿意。

不要随便小看一个糊信封的人。

都是糊，有的人是糊口，糊得很无奈，除了这个不会干别的；有的人是贴地气，糊得很高兴，老娘眼下就爱干这个……“我倒没什么厌烦的情绪，这可是纯手工活儿啊。”王同学这样对我说，语气很销魂。

《亚瑟王》里奇丑无比的女巫不是对她英俊逼人的丈夫盖文说过那个秘密？“女人真正想要的，就是决定自己的命运。”

没有白读的书，没有白走的路，知识和能力都是无价的，它们能让你进退自如、活得更任性。安于糊信封，却不限于糊信封，乐于糊信封，绝不囿于糊信封，有本事走向更大的世界，也能从容回归自己的小天地。

我们之所以在这个世界上这么用功这么拼，终究要的，不过是有足够的储备来随时调整自己的命运方向，想往哪里去，就往哪里去。

愿我们都有坐得住糊信封的静气，也有随时可以放下信封走出去的底气。

玻璃心，是因为给自己的内心戏加多了

一

我曾经去一个新婚不久的同学A家做客，A的老公是再婚，据说当初离婚是因为前妻太虚荣，看不起他。

初次见面她老公对我还算热情，张罗着让拿出他自家种的苹果招待我，还说走的时候给我带几个。

聊天的过程中得知，他刚失业，还没找到新工作。

他问我："我会开装载机，你能不能帮我介绍一份类似的工作？"

我老老实实答："我还真不认识这行业的人，不过我可以帮你打听打听。"

他的脸登时唰得沉了下来，谁都看得出来他很不爽。

我稍稍坐了一会儿起身告辞，A一脸歉意地送我出来。本来说好给我带的苹果，她一看老公的脸色也不敢给我带了。

回来后，我还是托关系帮他介绍了一份开装载机的工作，因为不想让同学看他的脸色。

接到电话的第二天，他欢天喜地地去了。

没过几天，他辞职了。理由是：那里的老板挤对他。

怎么挤对的？

他说，老板横巴巴地说："不管你们是谁介绍来的，只要不好好干，我照样让你走人！"

老板是开大会时对全体司机说的，但他觉得老板是在针对他，于是一气之下辞职了，工资都没领。

A 去找老板讨工资，老板很痛快地把工资给付了，反过来很不解地问："你老公干得好好的，为什么说撂挑子就撂挑子？"

老公辞职后，A 托人帮他找了好几份工作，但都干不长，理由永远只有一个：别人看不起他，欺负他。

A 气得不管了。

后来，他去北京打工了。

再后来，我遇到另一位同学B，她告诉我，那位仁兄前一阵子疯狂地给她发短信要我的电话，因为他觉得跑了一圈，还是当初我给他介绍的那一份工作最好。他可怜兮兮说："我现在在北京举目无亲，麻烦你一定要帮我。"

B 理都没理他："他就是个神经病。"

他不叫神经病，叫"玻璃心"。

吃不得一点儿苦，受不得一点儿委屈，看不得一点儿脸色，听不得一点儿重话。一出门，遇上一点吹面不寒的杨柳风，在他心里都成为十二级台风，吹得自己人仰马翻。

想想A 同学，怀揣一颗圣母心，不顾家人的反对，当初发誓要拯救他温暖他，可现在连哭都没地方哭去。真心心疼她，这漫漫的下半生啊，日子想不艰难都难。

二

A 同学的老公，让我想到《我的前半生》里的老金。

老金和他哪一点像了？那么勤快，那么热心，对罗子君还那么体贴入微。他哪里玻璃心了？

可是，罗子君不能交比他有钱的朋友，倒是没明说不能交，但很有几分“圈子不同不必强融”的意思。吃顿饭贺涵结个账，他都要把钱还给贺涵，满满“你有钱，我也不占你便宜”的有骨气。其实他好歹还是个部门经理，但行动之间总透着一股唯恐被人低看了的强撑感。

罗子君跟他出去不能穿漂亮的衣服，怕人说他傍了富婆。好在罗子君头脑清醒坚持原则：“今天是一身衣服，明天可能就是一顿饭，或者一句话。”所以，哪怕不跟你一块出去，我也不会顺从，去换一身朴素行头，因为今天的一点妥协，也许就意味着今后数不清的妥协，到最后干什么都要畏首畏尾。

罗子君不能说分手，你要是和我说分手，我就发动周围所有的人说服你回心转意，给你舆论压力。如果你还不答应，那我就搞臭你，让大家都认为你人品有问题，让你在这里待不下去。

平时形象是老好人，遇到感情中很正常的拒绝，他立马就扮成了受害者，闹得尽人皆知。

有那么多人说罗子君能遇上老金是她的福气，她应该偷着乐，不要不懂珍惜。

呵呵，跟他在一起，除了长得砢碜带不出门，还得活得跟他一样砢碜。什么都按他的喜好来，时时刻刻迁就他，以免让人发现他根本配不上你，连打扮得漂亮一点他都承受不起。

还有，你要安分守己和他老老实实待在一起，停留在他的阶层里故步自封，不要成长和提升。怕自己承接不住更好的生活出了洋相，干脆一步都不前进。

这样真的好吗？

谁觉得老金好，就把老金充话费送给她。

三

我自己也不免会偶尔有玻璃心的时候。

前几天和闺蜜去一个比较偏僻的地方旅行，又累又热，途经一个村野小饭店，我们就走了进去。

柜台后面坐了一个服务员模样的胖姑娘，还有一桌客人在兴高采烈地吃西瓜。

我们提出也给我们切半个西瓜，胖姑娘说：没有。

我们指指冰柜里的半个西瓜，那是什么？

她说：那是我们自己留着吃的。

闺蜜说：好吧，那麻烦给倒点水。

她噎道：没水。

我们在桌前坐下来，桌上一片狼藉。

我本来想说“麻烦你把桌子收拾一下”，但出于礼貌，没有直说，我说的是：“麻烦你让服务员把桌子收拾一下。”

胖姑娘霸气地说：“我们这儿没有服务员！”

很明显，这是不欢迎我们嘛！我低头看了看自己，没有穿得不体面，看上去好像吃不起她家饭的样子吧？

就在一霎间，有了拂袖而去的冲动。

还好没有，我最后一次耐着性子说：“那你们这里有啥？”

她大着嗓门理直气壮地说：“我们这店里，全是亲戚！”

“哦——”

我和闺蜜互视了一眼，哈哈大笑，笑弯了腰。

那好吧，我说：“那麻烦你和你们亲戚把桌子收拾一下！”

我们点了菜，等了很久才端上来。

我可以负责任地说，那顿饭菜虽然吃的都是家常菜，但是我从来没有吃过那么好吃的菜，因为食材太正了！

糖拌西红柿的西红柿不是大棚里催熟的，是阳光下晒红的，是又酸又甜的沙瓤；辣椒炒土鸡蛋的鸡蛋金黄金黄的，香气浓郁，让人舍不得放筷子；豆豉鲮鱼莜麦菜很鲜；炒面的面是现和现擀的，竟然是用西葫芦炒的，量大到两人吃不完一碗。

我们一边吃一边啧啧赞叹，庆幸我们没有玻璃心，如果因为胖姑娘的态度不好，可能一冲动就错过了这一顿原生态的美食。

我们没再使唤她和她的亲戚们，自己用店里的电热水壶烧水喝，把风扇从屋子一边挪过来，对着我们吹。

当然也没再客气，把冰箱里的半拉西瓜也分着吃了，胖姑娘不乐意，我们霸气地说："我们付钱！"

那西瓜一口咬下去，我知道她为什么要自己留着吃了。那一窝透心凉的沙甜，渗透到周身的毛孔里。怎么会有这么甜的西瓜？

旅行中，我们想起胖姑娘的话就笑，笑了一路。

不是别人不礼貌，是因为人家根本没意识到自己不礼貌，我们干吗要给双方加那么多的戏呢？

玻璃心的，可不都是内心戏太多的人？心事太弯弯绕，没把别人绕进去，先把自己绕残了。

日升月落，一天一天，总觉得世界和你过不去，其实，世界忙着呢，根本没空搭理那个顾影自怜的你。

看我的朋友圈，你一定认为我过得特别好

一

雨一直下。铅云低垂，触手可及，我站在山顶等天晴。

天池在脚下，像是一口巨大的锅，蒸腾浩瀚的云雾从锅里升腾出来，弥漫了整个天空。我知道它在那里，但是我看不见它。

在长白山，天气预报很难准确，一年平均有二百五十五天下雨，刨去阴天有雾，晴天寥寥无几。想看天池，全凭撞运气。我的朋友美露来了三次才一睹天池真容。

能见度越来越低，看到天池的希望越来越渺茫。周围人越来越少，很多人放弃了等待，先行下山，再不走就赶不上在山脚集合的大部队了。

就这样走吗?

我对自己说："再等十分钟，太阳再不出来就走。"

五分钟以后，不知道从哪里刮来一阵狂风，几乎把人吹倒。回顾所来路径，除了苍苍横翠微，还看到辽远的山峦忽然有了一

道明显的分界线，分界线以下的颜色仍然迷蒙暗淡，分界线以上则像涂了一层亮漆，泛着米金色的柔光。

是开始放晴了吗？为什么我看不到横扫过来的阳光？

雨，瞬间停了。

我俯身看向天池，乌云仍在，但已经开始往上撤退了一大截，在天与水之间留出一片空白地带。天池上方浓雾初散，氤氲中轮廓清晰可见。雨水洗过的高岸青翠欲滴，宝石蓝的天池镶嵌在这群山环绕之中，晶晶然如新镜出匣。

天池，就这样逐层撩开了面纱，不动声色地露出了静美的面容。

人群发出一片欢呼："看到天池了，我们太幸运了！"

紧接着，又是一声惊呼："看，彩虹！"

是真的，彩虹。它像一道佛光，稳稳当当悬在天池上方，照得下面的那一小块湖水蓝得发亮。

有一对中年夫妻尤其兴奋，大声叫我"姑娘帮我们拍合影，把彩虹拍进来，多拍几张。"他们是去而又返的，下山下到一半看到云开雾散又疯了一样跑上来，总算没白跑。

我帮他们拍够，等到自己想拍，彩虹已经开始隐去。五分钟后，彩虹完全不见了。

没关系，我用肉眼把彩虹印在了心里。

我带着一颗满足的心开始下山。

我兴高采烈地在朋友圈里发了彩虹加持下的天池，说这就是运气加人品。完美。

一切看上去是那么完美。

二

可是，我不会在朋友圈里告诉你：其实上山的时候雨就开始下了。爬到三分之二的时候，雨越下越大，眼前早已是白花花一片水世界。等我攀到山顶，风呼呼刮着，雨点打得眼睛都睁不开。

录了一小段视频发在朋友圈里，马上有人评论说“看着好冷。”还有人问，“冷不冷啊，多穿衣服了吗？”

我没回答冷还是不冷，手都快握不住手机了。

我也不会在朋友圈里告诉你：我下山的时候遇到了冰雹。暴雨如注，脚下一片汪洋，冰雹噼里啪啦打得我寸步难行，几乎看不清脚下的台阶。

半截的简易雨衣根本挡不住雨，强风把雨斜刮过来，打到裸露部位的皮肤上，上山的时候刮后面，下山的时候刮前面，裤腿往下全部湿透，裤子紧紧地贴裹在腿上，冷得刺骨。

我更不会在朋友圈里上传自己的狼狈照片：头发被淋得精湿，胡乱贴在额上，脸上淌着雨水和鼻涕，脸和嘴唇已冻得青紫，上下牙齿咯咯打架。

我不会诉苦说鞋里已经灌满了水，我不得不一次次脱下鞋来把水倒出去，再穿上接着走。回到住处时，脱下鞋袜发现双脚被泡得发白。更严重的是，我的双膝拔凉拔凉的痛，担心将来会落下毛病。

你只能看到：这货又来了一趟说走就走的旅行，又在朋友圈里发美景显摆嘚瑟。

请你务必相信，别人在朋友圈里所展示的那些轻松美好并不是全部。很多人只将自己的幸福昭告天下，对自己遭的罪却秘而不宣。

回酒店的路上，天越来越黑。我坐在车里用手按摩冻透的膝盖，无意间瞥见夜空层层叠叠的云海中，爬上来半个好大的月亮，气派堂皇，照得半边天空像舞台一样绚烂明亮。

那被半天云朵簇拥着的金黄月亮，是埃及艳后震撼的登场，华丽得令人惊愕。它看上去那么有质感，沉甸甸地坠着，有点担心下面那团云根本兜不住它。

这是长白山的月亮，和我在城市里看到的月亮太不一样，和它相比，那不过像一个小小的白炽灯泡。

我趴在车窗上贪婪地看着它，现在这半个月亮，又让我觉得这一趟雨不算白淋。

哪有什么现世安稳岁月静好，其实都是负重前行见招拆招，时刻不忘享受那些转瞬即逝的美好。

三

曾经有个卖咖啡的朋友很直接对我说她做咖啡，就是“专挣你们这些矫情女生的钱”。

她说：“你们喜欢没事在朋友圈里发个咖啡杯，配上蛋糕鲜花，再摆本书，让人感觉自己过得很好的样子。”

“子非鱼，安知鱼之乐？”

一杯现磨的咖啡，一瓶醒好的红酒，一束一周就萎谢的鲜花，一次风雨兼程的远行，一本心仪已久却没时间看的书，一轮看上去不同于往日的大月亮，你认为的矫情，其实是我们的小幸福。

这一点小幸福，可以帮我们转移一下注意力。暂时忘却眼前的苟且，稀释缓冲生活的辛酸与重压，让内心重归柔软与弹性，满血复活之后重归职场生活，去厮杀与摆平。

这一点小幸福，可以在粗糙的生活底子上，建立起精致的仪式感。是为自己偷一小段惬意时光，是要对自己好一点的心，也是对自己小小进步的奖赏。

这一点小幸福，还可以是一种暗示，暗示我们身处的世界还算美好。让我们从庸常烟火中暂时抽离，在疲惫中换一口气，展望生活的另一种愿景。

朋友圈里那些看上去活得很滋润的人，莫不如此。

我们一边享受一边忍受。

一边前进一边遗忘。

一边用细腻的心灵拾取点滴美好，一边用豁达的态度消化烦恼。

看上去的毫不费力，背后都使了十分的努力。

看上去的云淡风轻，凑近了都能闻到不易察觉的血腥。

看上去的幸福如意，是历经九九八十一难后的修成正果。

大家都是普通人，只是因为不解释不抱怨不诉苦，你误以为世界对我们偏心。

“运是强者的谦辞”，当有人对你淡淡地笑一笑说：“我只是运气好而已”时，你千万别信。

不是对方太虚伪。是人家“食得咸鱼抵得渴”，没啥好嘚啵的。与之而言，贩卖苦难赢取同情，那样无异于撒娇与炫耀，是更可耻的矫情。

当你看到一个人的朋友圈所展示出来的都是美好，你不要全信，也不要不信。

你不要急着去戳穿，也不要盲目地羡慕嫉妒恨。

说到底，朋友圈展示的是三观，是一个人面向世界的习惯性表情。

如果你讨厌，请点击屏蔽。

如果你认同，请学着去寻找专属于自己的美好积极，并不妨也用朋友圈昭告世界：看，我在这里，我在用心生活，向美而生。

当你开始相信美好，并不遗余力去追求，美好终将不远。

美貌是优先入场券，却不是永久通行证

一

去朋友的理发店小坐，遇见一对母女，女儿做头发，母亲作陪。无意听见她们的一段对话。

女儿：我想割双眼皮。

母亲说：好。

女儿：我想打瘦脸针。

母亲说：好。

女儿：我朋友她妈给她买了一套衣服，六千块。你也给我买吧！

母亲还没说话，朋友看不下去，说：你找个好老公，让他给买吧！

女儿说：不弄漂亮点，哪能找到好老公？

母亲也开口了：就是！让我闺女好好美！

我看了看那姑娘，她要变漂亮，很明显，还有一段很长的路要走。

母女俩又开始自己聊，话题不外吃穿等琐碎小事。母亲谆谆教导女儿，不要被现任男朋友套牢，要把眼光放宽点放高点。这时女儿的父亲进来送东西，黑瘦矮小，话语间我得知：他们这家人，父亲是个出租车司机，母亲没工作，女儿上三流大学的大专。

父亲走后，母女俩又炫耀了一会儿各自的首饰。母亲说本来打算给女儿买戒指的，但因为这是未来女婿的事，先不买了，反正只要她变漂亮找个好老公，一切都会有。

她们走后，朋友笑说，不必大惊小怪，这样的人她天天见，可现实了。

这不叫现实，叫白日梦。

二

有一部分女人，她们认为要过好日子，必须靠有个好老公；要找好老公，必须要漂亮。简而言之，就是只要漂亮就能过上好日子。这逻辑挺严密，可惜是个伪命题。不但看轻物化了自己，也低估了男人，好男人才不是只懂看皮囊。

我曾经认识一位所谓的美女，身边人说她的脸简直就是一张通行证，全世界再难办的事，只要她刷一下脸，瞬间搞定——所以，她每天只要把脸保养好，这一辈子就够了。

事实上她也是这么做的，整天不是在美容院，就是在去美容院的路上。有一次我看到她在路上领着孩子，那么光鲜靓丽的人，孩子却蓬头垢面，对脸的专注让她已无视生活的其他方面。

但就这么一个大美妞，有一天竟然离婚了，因为她的先生说遇到了真爱。我困惑：“为什么连她这样的大美女都留不住老公的心？”阅历丰富的老男人告诉我：“你别以为男人就会看脸，其实男人更想从女人身上学到东西，共同成长。脸再好，没头脑，不就是朵花吗？花遍地都是。”

美貌会给你的人生加分，但不会成为全部。

某女星当年美得山河失色，嫁富翁一个月后就独守空房，富翁说：随便在街上拉个女人都比她强。为什么？除遇人不淑之外，大概也因美而空洞吧。

戴安娜终生最不甘的事，是自己倾国倾城的容貌，却输给又老又丑的卡米拉。但是，查尔斯王子就是甩了她奔卡米拉而去，因为他觉得和后者更有话说。

杨玉环被唐明皇专宠近二十年，别以为她仅靠“回眸一笑百媚生”，这么认识就太肤浅啦，人家杨玉环真正靠的其实是内涵。唐明皇醉心戏曲，而杨玉环精通音律，是他的文艺知己，流传千古的《霓裳羽衣曲》便是二人合作的作品。

甄嬛能在血腥的宫斗中走到最后，一枝独秀，靠的不是一张“纯元脸”，而是一颗比纯元还要聪明果决的心。

美国女孩埃莉诺，从小母亲就替她发愁：“你长这么丑？将来可怎么办呢？”这个丑姑娘八岁那年母亲去世，两年后父亲也去世，她成了孤儿。也许正是知道唯有自己可以解救自己，所以她才努力学习知识，成了一代才女。

后来埃莉诺邂逅了相貌堂堂的哈佛大学学生富兰克林·罗斯

福，后者被她的聪慧深深折服，他们的感情遭到未来婆婆的极力反对，她觉得埃莉诺根本配不上自己儿子，但男方还是顶住了压力与埃莉诺成了婚。

后面的事大家都知道啦，她成了总统夫人。

你是不是想说，她还不是最终靠了男人？其实，是罗斯福沾了埃莉诺的光，如果没有她的帮助，他未必当得上总统，正是竞选中她的出色表现，给罗斯福加了分。

1945 年，罗斯福逝世，联合国发布了划时代意义的《世界人权宣言》，这部宣言的诞生标志着“人权”概念从此成为现代世界最具有权威性的道德理念。你说这和埃莉诺有什么关系？当然有，因为这部宣言正是埃莉诺主持并起草的！也就是说，今天我们成天挂在嘴上的“人权”俩字，正是埃莉诺贡献的！谁说丑女人没春天？她给别人带来了春天！

连琼瑶奶奶都“毒舌”地说过：“美丽的女人总以为仅凭美丽就可以赢得全世界，殊不知美丽是很残忍的东西，因为它一定会消逝会老去。所以一个聪明女人要懂得丰富充实自己。这样，当女人老去，虽不能花一样明艳，却可以树一样常青。”

不用把宝全押脸上，充实头脑和打造脸蛋一样重要，甚至更划算，更保值，未来更有升值空间。美貌有可能是人生一张优先入场券，但不会是一张永久通行证。

窃以为，当下社会进入一种误区，就是我们对外貌美的追求进入一种矫枉过正的阶段。

当然了，历史总以进两步退一步的规律前进，我们不要螳臂当车试图扭转乾坤，形势永远比人强。但你的头脑得清醒，别先把自己忽悠瘸了。

追求外貌美没有错，就怕错在以为有一张漂亮脸蛋便可一劳永逸，总有一天你会明白：有一技之长傍身，可比只会自拍修图高级多了，不用捧着一张脸到处兜售待价而沽。

进可造福人类，退可自食其力，手里有粮，心里不慌，气定神闲的女人才最好看。

会有那么一下，忽然就理解了张爱玲的不通人情

女友心情不好，跟我絮絮叨叨生活烦恼，觉得微聊不过瘾，对我说：我想见你，中午一起吃饭吧！

我说：呀，不行，我中午事还不少哦，就算和你一起，我心里不静，不能保证对你高质量陪伴。要不，下午喝咖啡？

她说好。

我说那下午四点钟，我能出门。她说不行，今天她要赶往另一个城市，必须五点之前出发。

我说：像咱们这种人，哪配出门约会呀！要不你下午三点半来我家，在我家坐会儿再走？咖啡和可乐管够。

她说：好。你给我剩口饭，有啥吃啥。我说：月饼。

我又强调一句：三点半来，早一分钟都不接待。

说完这句话，忽然一下子想到了张爱玲。因黑她而留名文学史的潘柳黛曾写：如果张爱玲跟你约好的见面时间是三点，你两点三刻到了，那她就会打开门来，板着脸说一句："张爱玲小姐现在

不会客”，让你在外面暂时冷上一会儿。而当你过了点儿，她会打开门说一句“张爱玲小姐出门了”，就把门砰地关上。在潘柳黛眼里，张这是要个性故意标新立异。而当时的我，只把这种做派当成名人轶事看，因为她是张爱玲，似乎做什么都理所应该，至于背后的原因没有细想。

然而当我那句“早一分钟都不接待”的话脱口而出时，瞬间想到并理解了她。

每个人的时间预算表是不同的，一样是一天二十四小时，有的人排得稀，有的人排得满。我有个老师曾在黑板上画过一个生活节奏对比图解，有的人的是一个圈套一个圈，有的人是一个圈和一个圈之间隔好远。很不幸，我是前者。

每天早晨一醒来，我会习惯性地看我自己的记事本，看看手头还有哪些事没做完，再想想今天还有哪些事需要做，一块记下来，再按重要紧迫度排好次序，一件一件按计划去完成，做完打对勾。今日事今日毕，明天还有明天的事。

别看我们宅家写字不坐班，其实一点也不比上班轻松。上班族的工作内容有可能机械性重复，熟极而流之后反而不累。而我们的工作就是求新求创，每写一篇文章都不能和之前的重复，别说重复了，连雷同都不行，压力永远伴行，很少有松口气的时候。

上班族可以和同事聊天减压，我们没有同事，日复一日忍受着孤独。没办法，写字和做爱一样，是一件很私密的事，需要专注，人多了不成。

上班族可以偶尔心安理得地出工不出力，偷懒一小会儿也无可厚非，因为你不是老板。而稍长的放空会让我们有虚度时光的负罪感，甚至担心滋长惰性，滑入堕落的深渊。没有超强自律性的人，无法做居家办公一族。极有可能一事无成，还因三餐作息不规律而损害了健康。

啰啰唆唆说这么多，是想说：虽然我们不用打卡刷脸，但也并非闲人。时间也是很宝贵的！一分钟有一分钟的用处。如果临时有事加进来，会打乱我原先的计划和节奏，我需要重新调整安排。就比如这次我临时起意对女友的邀请，意味着我要把手头许多工作提前结束。她给我打电话时是中午十二点，我本计划简单吃一点，小憩一下，下午的时间一半工作一半用来做家务，但现在都要压缩到这三个半小时里全部完成。

我要完成公号更文一篇，好在之前已经写完，但修改、搜图、排版、录音、上传、检查预览、最后发布，这些程序做完需要花费差不多一个小时；

手头有一篇五六千字的约稿，最后浏览完善一遍，确认无误交给编辑，花费二十分钟；

有一个授权书需要我签字同意，了解核实内容再签，花去大约十五分钟；

责编老师对新书书名不满意，两人讨论；和新公号合作商谈合作事宜；管老合作商要文案要链接；微店有人下单买签名书，我签好打电话叫快递来取……零零碎碎花去将近半小时。

两个小时过去了。

接下来进入家务模式。在此之前和人合作一个音乐剧，导演比较急，我除了写文章还要写歌，时间太紧家务活儿就攒下来了。现在工作告一段落，开始变身为家政“女王”。

先把扫地机器人放出来，让它全方位扫地，自己去洗了拖把晾着；

攒了两顿的碗碟初步清理后放进洗碗机，开机洗碗；

把攒了几天的衣服扔进洗衣机，开机洗衣；在做这一切的时候，我心里默默感谢高科技。然后我拿“棉线掸子”（其实是灰尘扫，我不管我就叫它掸子）开始简单掸灰，桌子书架绿植都掸掸；给乌龟换水；看着拖布晾得差不多半干了，开始擦木地板。家里来人，卫生不好的话，一丢人，二失礼。这是从小我妈教给我的，唉，真是死要面子活受罪。这中间我还从冰箱里把肉和冻豆腐拿出来解冻，总不能让女友真吃月饼吧？

打扫完卫生，我照了照镜子，蓬头垢面不至于，但是整个人灰扑扑的。赶稿子两天没洗头了，洗个头，然后贴张补水面膜，也自我尊重一下。又想起张爱玲，潘柳黛说她在家招待客人都着柠檬黄露臂洋装，满头珠翠，浑身香气，太过隆重给客人压力。我做不到，只能做到别有碍观瞻，净头净面，一套干净的家居服足矣，也不用太抢戏。

接下来脸上贴着面膜的我，用电饭锅焖上了黄油米饭，开始洗菜切菜，准备了一素一荤。

这当儿地板晾干了，碗也洗完了，衣服也洗好了。我一刻没停，全部到位后，指针恰好指到三点半。我打电话给女友：“快来，生米做成熟饭了。”而她刚好到门口。作为一个每天凌晨四点半就起床写作、一天开启无数个窗口超速运转的女劳模，她的时间表也精确得没有多少富余。说好的三点半，她早到五分钟，意味着她也要浪费自己的五分钟。

其实人与人相处，除了常说的三观之外，还应该加个时间观。时间观不一致，就会凭空多出许多误会和龃龉。就我那句“早一分钟都不接待”，如果换个人听了估计得气死：“搞得你跟省优专家似的，还得预约。去你家，那是给你面子，拽个毛线啊你。”这就不好玩了。

潘柳黛在这件事上记恨张爱玲，其实没有谁对谁错，说白了是时间观不一致。作为一个时间观念宽松一点的人，潘柳黛可能体会不到提前去十五分钟带给张爱玲的压力。也许编辑正在催稿，她正需要这十五分钟将小说完工，来一个华彩的收尾；也许她昨夜熬夜写稿，正需要这十五分钟小睡片刻恢复体力；也许像我一样，她需要有十五分钟的时间差，来收拾一下因忙于写作而无暇整理的凌乱房间。她不是不近人情而故作高傲的女作家，而是一个跟同时代的民国人相比进化得快了一点的独立女性，一个在时间管理上严苛了些的普通人，而这个普通人恰好文章写得好点，而已。不必神化或妖化她。在这一刻，阅读体验和生活体验打通了，我用我的亲身体会理解了张爱玲。比较幸运的是，我的女友不是潘柳黛，也和我一样，在时间上锱铢必较，所以在这件事上可以不生芥蒂。

女友进门的时候，饭菜刚好上桌。她用韩剧的夸张语气喊道：

“哇，还有猪肉哎！”接下来，我们吃了一顿愉快的饭，饭后我们喝“大红袍”嗑瓜子，聊得不亦乐乎。五点钟，该离开的时间一到，她利利索索起身，换鞋出门。我站在门口看她进了电梯，关上门，回到自己的小天地。完美。一个真正的写作者，生活圈子不可能太大，因为是真的没有多余的时间去做人情维系，思考、写作已经占据了他们时间的大份额，仅存少许又被生活琐事瓜分。如果能挤出一点时间来给你，你一定对她很，重，要。

所以，如果你贸然去约一个写字的人，可能她做不到随叫随到，就像你贸然去找她，她也未必高兴一样。这也是我们常常被误解为疏离清高、不通人情的原因。

其实，没有人比我们更在乎人与人之间的交接，因为见面稀少所以才更加珍惜，对见面质量更加有要求，总希望每一次约见都是自己想见的人，每一次相聚都开心而去尽兴而归。然后，把欢愉的感觉和记忆储存起来，用以缓冲接下来的辛苦和孤独。

向章子怡学习，被人讨厌也不冤

一

我的同事A姑娘，有一阵子疯狂地研读一本书《被讨厌的勇气》。因为——她说，她得给自己打气。

看这本书最直接的原因是：她正在被讨厌当中。

A是个对生活质量有要求的姑娘，她喜欢给自己的办公桌上养点精巧的绿植做点缀，喜欢用贵而质地精良的喝水杯、钢笔、护手霜，喜欢每星期都买书，喜欢去健身房练一练器械，喜欢自己烤点蛋糕小饼干，熬点养生粥带到办公室和大家一起分享。

这么做没毛病吧？但她就是被赤裸裸地讨厌了。

讨厌她的是同办公室一位大姐，每当看到她摆弄这些东西的时候，就要翻白眼，撇嘴发出“切”的一声，语带嘲讽地说：“你还挺讲究哈！”大姐是个很会过日子的人，一个水杯用十年都不舍得换，身上衣服很少超过二百块钱，吃饭只吃单位餐厅，内衣都是从网上淘最便宜的几块钱一件的，以节约为荣。对被富养长大的A姑娘最习以为常的生活细节，各种看不惯，要抓住一切机会表达自己的不满。

A姑娘很受困扰，对方的种种表现就是让她觉得自己哪儿哪儿都不对，但让她把自己生活习惯一一改换到和对方一个频道，那绝对不可能。她不可能不养绿植、不买书看书、洗了手不用护手霜，特别是穿劣质内衣，“对不起，臣妾做不到。”

就算她尽可能低调，身上的漂亮衣服、手里的进口钢笔也会被对方一眼剜出。

在一次次的退让郁闷纠结之后，她决定做自己。她之所以看《被讨厌的勇气》，就是要靠这本书加持，度过每一个难挨的工作日。

这有点像《红楼梦》里的迎春，管不住下人，干脆拿一本《太上感应篇》来读。其实吧，这倒也不失为是个办法，对于一个不善于跟别人正面作战的人，逼着她也去彪悍地指责对方，或者不战而屈人之兵，兵不血刃地警告对方，也挺难为她的。

这里面有区别的是，迎春看书是为了逃避，而她看书，是为了积攒勇气，来面对被人讨厌的局面。单这一点，就值得为她点个赞。

至少，她没有因为被人讨厌就乱了阵脚找不着北，违心改变自己迎合他人。很明显，对方作为一个办公室前辈，种种表现的目的就是要给她施加压力，试图让她收敛，最后把她的生活品位压得和自己一般儿低。

我们无意去干涉评价别人的生活，人家穷或弱是人家的事，在别人面前显示优越感会很不厚道。但是，在生活中事实常常是反过来的：人家穷或弱反而气势汹汹，好像你多吃多占的是她的资源。各种愤恨不平，恨不得把你除之而后快。我靠，全世界的人都该你的是怎么着？你自己不行还不让别人好了？

我们从小到大受的教育是“吾日三省吾身”，是“谦虚使人进步”，是“要认真听取别人的不同意见”。结果是这些根植于内心的观念常常成了人性的弱点，被各种披着道德外衣的人攻击，我们常常莫名理屈，毫无招架还手之力。

当我们被人讨厌时，先别急着反省，你要先看看讨厌你的人，是个什么货色。

心理学上说有一类人，他们“无法真心祝福过得幸福的他人”，原因是喜欢站在竞争的角度来考虑人际关系，把他人的幸福看作“我的失败”，所以才无法给予祝福。

精神病学家阿德勒说这一类人最大的特点是“对于自己目前所处的状态，把责任转嫁给别人，通过归咎于他人或者环境来回避人生课题。”

遇到这样认知有问题的货色，还真就不是咱们自己的错。

二

一个这样的货色还没什么，最烦人的是这些货色抱了团儿，合伙孤立你、挤对你。天天吃饱了没事干玩一种过了时的智力游戏叫“找不同”，只要是你和他们不同的地方，都有可能被拿出来说事，在一个看不见的假想战场上，吹起集结号，夺取集体的精神胜利。

最难也最好的办法就是远离他们。注意了，一旦你身边有了这样的抱团群体成了一股势力，人生的硬性指标便出现了：你所处的环境已经不适合你，你需要另觅一个与自己三观、素质匹配的环境。千万别做无用功想要放低姿态融入，甚至一厢情愿改变他们，“道不同不相为谋”。

我身边还有个才貌双全、善良热情的姑娘小L，从澳洲留学回来后，为了求稳定她妈执意把她塞进了一家老式单位，和几个关系户的女儿们一道成了新晋同事，由于她的见识眼界和思维方式，让她妥妥地成了异类。那几个姑娘合起伙来，对她实施人际关系冷暴力，让她每天上班如临深渊，明明自己从小到大是个很受人欢迎的人啊，怎么现在竟然混到这种地步！

她妈妈每天都在谆谆教诲她“要适应环境，想办法融入群体”。她也试了，放下身段去讨好她们，但越是这样别人就越不接纳，反而更得了意似的变本加厉冷落她、排斥她。

她很是痛苦了一阵子，下决心离开。现在她在北京一所高校当老师，交到了一帮志同道合的朋友，日子过得很快乐。她庆幸自己的及时离职，回忆过往她说：不是谁的错，是我不应该出现在那个群体里。

我曾经跟一位前辈高人专门探讨过这种“劣币驱逐良币”的现象，高人一语道破天机：同一个起点上，一个人要是比身边的人出众太多，自己的光芒把别人全掩盖，让别人活得没有存在感，于是，你就成为那个最令人讨厌的人。其他人必定会形成默契，齐心合力最先干掉你，哪怕接下来他们再慢慢内斗。

这无关道德，是生存之道。而且，在这一点上，女人最擅长愉快合作。

台湾女教授洪兰曾经深刻阐述过这种现象，面对自己讨厌的人，男生会上去打一架干一仗，而女生则喜欢造谣，纯粹是由于遗传演化不同。明白了这一点，面对那些在我们背后搬弄是非的长舌妇，大概会少一份无奈，多一份了然。

三

被人讨厌不见得是坏事，不是你不够好，恰恰相反，也许是你的出众让你成为众矢之的。

如果你总让身边的人黯然失色，那被人讨厌也合理。

综艺节目《演员的诞生》里，章子怡用实力让人知道什么叫好演员。演技那么牛，无论是跟刘芸还是周云鹏或者其他什么人演对手戏，全部都以实力碾压他们；章子怡的态度那么认真，不满郑爽的不敬业，说话咄咄逼人："你们一点信念感都没有。"

周围若有同行讨厌她，不应该吗？她让身边所有的人都沦为配角。

但那又怎么样，她就是她。若是因为他人的讨厌，就轻易改变自己，变得也开始妥协、和稀泥，又怎么成就一个独一无二的章子怡？

被人讨厌时，问自己三个问题：

第一，讨厌我的是些什么人？

如果你天资过人，可能会被资质平庸者讨厌；

如果你好学上进，可能会被碌碌无为者讨厌；

如果你是个真正的淑女，可能会被骚浪贱们讨厌；

如果你是个探索欲强的人，可能会被墨守成规者讨厌。

这些讨厌，不过是源于三观不同。

真的有错，有则改之；真的错不在我，我干吗要“无则加勉”？加勉的应该是别人才对吧？人生已经如此不易，我干吗要和自己过不去？

第二，面对讨厌我的人，我该怎么办？

我师兄曾经对我说：无论怎样，尽可能别让自己受负面情绪的影响太久，这样的话，就达到了别人想干扰你的目的。

我说：那报复如果让我好受一点的话，可以吗？

师兄说：当然可以。

我的观点是，你讨厌我可以，但是你若以讨厌之名，没事给我添堵添乱。我可能没空搭理你，腾不出手来收拾你，但如果报复你的机会就放在我面前，我一定不会放过，我弄（nèng）死你，让你哭都没地方哭去。

凭什么要我宽容？郭德纲说了：劝你宽容的人，你离他远点，免得雷劈他的时候连累你。

第三，面对别人的讨厌，我要不要改变一下？

一个成年人应该有判断对错的能力，如果能确定不是自己的问题，那么让干涉你生活的人见鬼去。

“阿德勒心理学否认寻求他人的认可，没有必要被别人认可也不要去寻求认可。我们并不是为了满足别人的期待而活着，我们没必要去满足别人的期待。如果一味寻求别人的认可、在意别人的评价，那最终只能活在别人的人生中。”

所以啊，请不妨对讨厌你的人说：“我还有路要赶，请你或你们站在原地尽情讨厌。再过个五年十年，你要是还像从前一样长情，对我的讨厌只增不减，我会特别欣慰：什么都没做，就能成为一根刺，一直扎在你们的心尖尖，说明我被人讨厌的确不冤。”

我们唯一要做的，是在别人的讨厌中，一直一直向前。

太年轻的时候，谁没当过笑话

一

上飞机时，偶遇了多年不见的F姐姐，一时间又惊又喜。

说起来F也是个有故事的女同学。

F当年学的是热门专业，毕业那年风华正茂，被分到交通部门上班。最初的新鲜感过去以后，浮躁与大意开始不知不觉滋生出来。

一次，由于工作中的一个疏忽，差点酿成事故。于是，扣钱、调离原岗位、通报批评、大会小会做检查，她的名字在单位尽人皆知。

那一阵子，她都没脸出门了，觉得自己臭名远扬，成了一个笑话，走到哪儿都有人戳脊梁骨。整整几个月，她夜里辗转难眠，白天又萎靡不振，整个人像霜打了的茄子，又蔫又瘪。

后来还是她妈发狠说：你还年轻，这往后的路还长着呢。要是想就这么趴着，谁也扶不起来你!

一席话如兜头凉水，将她浇醒：我不能就这么完了。

她重新开始学习业务知识，积极参加各类技术竞赛，还代表单位在本系统内拿了几个技术比武的大奖。渐渐地，她的头又抬起来了，人们看她的目光也从原来的复杂侧目变成了欣赏艳羡。

她用如今的优秀覆盖了曾经的狼狈。

飞机上提及往事，如今已是个优秀管理者的F姐意味深长地说，“当时之所以犯错，是因为太年轻，也好在，还年轻。”

说毕，她把头轻轻扭开，看向窗外连绵堆叠的雪白云朵。

二

我想，一个人变成熟强大的标志是开始宽容，眼里没有那么多不可原谅的人。

有一些错误，不过是因为犯错的人“那时太年轻”而已。

铁凝早年写过一本《大浴女》，一对小姐妹，出于不同的心理，眼看着自己一两岁的妹妹走向下水道，不约而同故意不制止，任小妹妹摔死。长大后，她们各自成了不同的人，妹妹一生在逃避，姐姐一生在赎罪。

曾经写过《岛上书店》的美国女作家加布瑞埃拉·泽文，也写了这样一本书，书名更直接，就叫《太年轻》。

我本来以为这只是一个“佛罗里达版的莱温斯基”的故事。

二十岁的国会实习生阿维娃，不听妈妈的劝告一意孤行，和年龄可以做父亲的众议员发生了婚外情，还把香艳的隐私记录在微博上，不得不说实在太蠢了。东窗事发后，她被舆论撬了个底儿掉，付出了惨重的代价，“一片贪嗔痴，到底成苦海”。

众议员紧急公关，拉着妻子上电视道歉，把她称为“该女子”，称自己已经度过了婚姻危机。而空有双学士学位的女主阿维娃，拥有的是一个无法抹干净的博客，一段臭名昭著的实习经历，求职无门。

十五年后，众议员仍在国会任职，风光无限；阿维娃则早消失在茫茫人海，不知去向。

小说的结构很特别，书一开始，先登场的是阿维娃的母亲瑞秋，她已经六十四岁，还磕磕绊绊地走在和各类男人约会的路上。原来当初女儿离家后，她就与丈夫离了婚。而那个插足了她婚姻十五年的第三者，对她意味深长地说：“你女儿阿维娃其实很幸运，这件事现在就公布于众，而不是十五年以后才曝光。她还有别的选择。”

第三者当时已经四十岁，为了给自己一个交代，已经无路可退。讽刺的是，最终也没如愿嫁给那个让她搭进去十五年青春的男人。

她那番话，大概是想说“须要退步抽身早”。

三

在一个遥远的小镇上，还有个叫简的女人，经常会梦到阿维娃，梦中的她对简一遍遍说：我只能说我当时太年轻了。

这个总做梦的简，是一个优秀的婚礼策划师，一个带着十三岁女儿的单身母亲。在这里，她是一个受人信任和爱戴的人，有头脑有人脉，不但业务精湛、待人友善，还道德高尚，始终恪守一条原则：即便别人的婚姻糟糕透顶，也不应该让自己掺和进去。

她说："我爱我的路边摊蝴蝶兰。并且不跟已婚的男人牵扯不清。"

这么优秀的女人，人们怎么会任其默默无闻？她被财团看中，推荐为镇长的竞选人。

这一刻，她却犹豫了。

简正是十五年前的丑闻女主角阿维娃。

作者写得太巧妙狡黠。一部小说五条线平行展开书写，每一条线里的主角都不相同，分别是五个不同年龄的女性，第一、二、三人称的写法交替出现却毫不凌乱，每一个人身上发生的故事，都使读者更接近真相。

主题极有深意，原来它不是一个单纯的道德讨伐故事，而是一个关于自我救赎和重塑的故事，顺便结结实实地讨论了一把女权主义。

为什么明明是男女双方共同犯下的错误，男性却可以全身而退，而女性却要终生佩戴无形的红"A"，忍受无尽的"荡妇羞辱"？

事情发生后，阿维娃曾质问那个自称女权主义者的老师："为什么我要做一个女权主义者？我出事时，你们没有一个人来支持我。"

老师反过来要她认清事实，并告诉她什么是女权主义：每个女性都有自主选择的权利，旁人也不必认同你的选择，别指望旁人为你奔走呼喊。

正是闻听此言，她决定重新选择自己的生活。离开原籍，改名换姓，放弃从政的梦想，到一个人们都不认识她的地方去谋生，重新打下一片天，多年以后已是“天涯住稳归心懒”。

谁能料想，十五年后，曾经梦想中的机会竟然又一次来到了自己面前。可是，如果参选，她的秘密会不会被别有用心的人大白于天下？旧事重提，她会不会再次像过街老鼠一样，人人喊打？

况且她的竞争对手早先一步就知道她的秘密，已经威胁过她。

她该何去何从？读者们也跟着揪起了心。

四

“得啦，你不过是年轻时做了件傻事而已。”

暌违多年的母亲、误解过她的女儿、相交多年的女财主……身边老少女人们齐来给她打气。

土豪女财主还说：如果这次输了，下次选个更大的！我的支票簿是镇上最厚的，最厚的支票簿总是能胜出。

女性就是这样，最柔弱、最细腻，但关键时刻也最勇敢、最大气。

放下顾虑的阿维娃兵行险着，先一步主动在媒体上披露了自己的过去！

“反正这件事迟早瞒不住。我不为这件事而羞愧，从今往后再也不会！我也不会为我尽力扭转局面的做法而羞愧。”

是的，她已不再是从前的那个小姑娘，她也为自己年轻时的愚蠢付出过代价。这都过去了，任何人别想再拿这件事来没完没了地吓唬她，羞辱她，清算她。

《圣经》故事里讲，有一天，有人带了行淫时被抓的女人来见耶稣，他们说：“按照摩西法，这样的妇人要用石头砸死。”耶稣问：“你们中间谁是没有罪的，谁就可以先拿石头打她。”在场的人默默走光。

“一个人要小心地藏好多少秘密，才能安然地度过这一生？”

迎接阿维娃的会是什么呢？

当她再次走在街上，惊喜地发现的确有人会避过她的目光，但也有更多的人在向她挥手致意。

那都是她为之策划过婚礼的人们，曾经与她分享过自己的秘密，她是这个镇子上知道别人秘密最多的人，包括竞争者的妻子。

即使竞争者在演讲台上大肆攻击她的过去，她也没有公开对方妻子年轻时所犯下的罪孽。不，她不会那么下作。那个可怜的女人，在人群中用口型对她说着“谢谢。”

五

“曾经不顾一切，因为太年轻。现在我仍要不顾一切。”

在这部小说的结尾，本来可以邮寄选票或坐车的阿维娃，选择了走路到投票点。她身穿漂亮合体的红色西装走在人们的目光里，路上有人叫她“简”，有人叫她“阿维娃”，她一律微笑着答应。

挺起胸脯，扣好纽扣，抚平头发，她投上了神圣而坚定的一票：选择了自己。

你猜，她会输还是会赢？

其实，走到这一步，输赢早已不重要。

看书的我，早已热泪盈眶。

只有见过天地众生的人，才有机会见到自己

一

如果你看过《小小小小的火》这本书，就会知道：当一个女人自律到极致，应该就是里查德森太太埃琳娜的样子。

为保持身材，她每天早上用专用量杯只吃半杯谷物片；晚餐只喝一杯红酒，酒杯上有记号用来标量；每周三次有氧操课，运动时佩戴心率表，确保每分钟120次的燃脂心率。

自律贯穿了她整个人生。

她像一座报时精准的白铁小闹钟，从一出生就上好了发条，“噌噌噌”地按部就班前进，不会随便停下，更不可能走错一步。

出生在西克尔高地，这个“全国第一个按照规划建立起来、最进步的社区”，她家好几代人都生活在这里。这里的人们奉秩序为圭臬，永远有宽阔的草坪、高大的树木，富裕安定的生活造就了这片广袤的绿色。

她从小是学霸，读了自己心仪的记者专业，大学期间找了高

大英俊的男朋友。人生规划是毕业以后和男友回到家乡，举行一场浪漫的婚礼，买房子、生孩子。

这些当然全都一步步实现了。他们在西克尔买了带草坪的大房子；她如愿进报社当了高级记者，写的稿子以严谨可靠著称；就连生孩子她都定了指标："至少三四个，年龄差距也不要太大。"于是连续三四年，她每年生一个，生够两男两女后收工。

她过的是标配生活。买车必须配气囊和自动安全带，家中常备割草机和吹雪机，洗衣机和烘干机缺一不可——简而言之，她只做正确的事情。

"在这个完美的地方，她过着自己能想象到的完美生活，"

以致在孩子的同学眼里，"她就像电视明星一样，完美得仿佛不是真人。"

完美得像一个假人。

二

看过《小小小小的火》的人，也一定知道：当一个女人自由到极致，就应该是里查德森家的租房客米娅的样子。

她带着十来岁的女儿居无定所四处漂泊，从不会在一个地方住太久。一辆小破车上装着全部家当，过着节衣缩食的生活，以省钱乃至不花钱为目标。

她出门打零工兼职赚钱，维持她们母女的基本生活。一旦手头有一点积蓄，她便停下来从事自己的主业——她是个艺术家，擅长改造物件，以卖摄影作品创收。投入大量的时间和精力拍极少的照片，寄给经纪人，如果能卖出去，她便可以有一阵子不用出去打工。如果运气不好，她就再出去打零工。

她就像一个谜。别人不知道她从哪里来，也不知道她的下一站是哪里。她对自己的事情讳莫如深，包括她女儿的父亲是谁也无人知晓。

可就是这个潦倒的女人，她女儿和同学参观博物馆时无意间发现，她的照片竟挂在艺术博物馆的墙上，是知名摄影大师的经典作品。问她，她却矢口否认。

怎么会认错呢？那就是她。照片里的人和她的发型都一样，漫不经心在头顶挽个发髻，整个人都散发着无尽的美感，好像温暖耀目的阳光。“一样柔弱的身量，一样的高颧骨、尖下巴。眼睛下方有个小小的痣，左眉弓上的白色疤痕好像一条白线，手臂细长，像一只弱不禁风的小鸟……”

对，她就像一只鸟，无拘无束飞翔的鸟。

而那些在黄金打造的笼子里养大的鸟们，它们线条圆润羽毛光鲜，当看到前者明明羽毛凌乱，瘦骨嶙峋，却我行我素，不知道哪来的自我感觉良好时，立即会视之为异类。

这就是埃琳娜对米娅的感受。居然可以有人无视现有规则，自行制定规则。循规蹈矩长大的她，对米娅充满了人类学家式的好奇，为什么有人会生活得如此随心所欲，到了令人不安的地步。

她提出雇佣米娅到她家来做清洁工，米娅答应了，因为她的女儿和里查德森家的孩子们走得太近了，她需要观察和保护女儿。

三

《小小小小的火》的作者伍绮诗，是写过《无声告白》的优秀美籍华人作家，在这本新书里她用自己一贯特有的“温柔拷问”，安排这两个出身背景完全不同的女人在同一屋檐下相处。

自律型女人VS自由型女人，读者也期待她们能擦出耀眼的火花。

然而，谁能料到没有火花，只有火灾。

在米娅开始进入房东家工作之后，两家人的关系开始变得复杂起来，孩子们之间的爱情友情纠葛一度令人眼花缭乱，成长的烦恼与美好一言难尽。房东家一直被视作怪胎的隐身小女儿，从米娅那里得到了无限的包容和爱，她甚至幻想米娅是自己的妈妈。

米娅用自己的方式一次次点燃了那个不被认可的孩子心中的小火苗。

那个小“火苗”的名字应该叫“自我”。

埃琳娜恰恰对那个小“火苗”万分警惕，那是一种极其危险的东西，会将好生活付之一炬。

孩子们的爱情友情如野草杂生牵绊时，大人们也不消停起来，米娅插手了她认为不能袖手旁观的事从而引发了一场公共事件，被激怒的里查德森太太开始调查米娅的前世今生，连同她私生女的来历……战争一触即发。

四

两个女人终于无法再温情脉脉地伪装，开始兵戈相向。

一个称另一个为“骗子”“偷婴者”。

另一个则说：她本来就是我的孩子。

争吵从事件本身延续到了更深层面，开始触及灵魂。

米娅对房东太太说：你看不惯我对不对？我觉得你实在缺乏想象力，不明白为什么有人会选择和你不一样的生活。为什么大家不都去住大房子，拥有大草坪、漂亮的汽车和办公室的工作，为什么别人会选择和你选择的不一样的东西。

“这让你感到恐惧，让你觉得难以把握，因为你放弃了你不知道自己想要的东西。”

承认吧，里查德森太太，这样的火苗你心中也有。因为你有一套极其实用的处世哲学，为了保留住自认为更重要的东西，你放弃了人生中另一些东西。

本质上，这是一次价值观的短兵相接。自律过了头便是刻板，自由过火也会一生难安。

米娅母女被扫地出门，而埃琳娜那个压抑的小女儿，她放火、一走了之、去向不明。一场熊熊燃烧的骇人大火，将里查德森家完美的大房子烧成了一副骨骸。

那场大火不仅烧在房子里，也烧在每一个人心里。

现实中的火灭了，房屋重新翻建，会恢复当初的生机。但心中的大火烧过，废墟之上会有全新的幼苗萌芽、压抑太久的自我会被允许如花朵一样怒放吗？

盛怒的埃琳娜平静下来，蓦然发现那个可恶的小女儿，继承的正是她自己压抑内心的反抗火苗。接下来，她决定用余生找回女儿，找回那缕久违了的小火苗。

没有赢家，也没有输家。每一个人的命运都不可预测，但每一个人都是又重新上路。

这本书的结局本应惨厉，却被作者写出了温暖和希望：米娅给埃琳娜留了一张照片做纪念，把埃琳娜发表过作品的报纸做成鸟笼，空鸟笼的中心躺着一片金色的羽毛，这祝福意味深长，暗示冲破束缚。

人生在世，没有哪一种活法是唯一的标准答案。

必要的时候，生命里真的需要有一场大火来烧掉固有思维，新的认知将在灰烬里重建。

总有人和你不一样，那又怎样？活得太工整，便难有惊喜。单一的价值观会故步自封，优越感让你变得可笑狭隘。

书中曾有一小段很容易被读者忽略的对话，反复咀嚼饶有趣味。

米娅问里查德森先生：你也是在西克尔长大的吗？

回答如下：不，只有埃琳娜是在这里长大的。遇见她之前，我连这个地方都没听说过。

你看，只有当我们去过足够多的地方，看过足够大的世界，才有资格谈包容和接纳。见天地，见众生，最后，才是见自己。

聪明女人要互相抬

检验女人的人品，就看她怎么嫉妒别人

一

有一次坐火车，身边坐了三女一男，听他们的谈话应该是同事。男的不怎么说话，主要是那几个女的说，主题是向男的尽情黑另外一个将在下一站上车的女同事。

她们旁若无人大声喧哗，模仿她说话的样子，攻击她的衣着，嘲笑她的矫揉造作，仿佛她是一个未登场的小丑，半车厢的人都跟着她们笑。

她们对包括我在内的周围人说：她是个不合格的“绿茶×”，你们看着，她等一下就上来。

火车到了下一站，她们嘴里笑话了一路的女生上车了。

瘦，高，长颈细腰长腿，黑色套头毛衣，黑色紧身牛仔裤。梳了个最简单又最考验脸的发型，头发全部光溜溜往后梳，盘成一个发髻在脑后，没有一丝刘海，露出光洁饱满的额头。

原本吵哄哄的座位，她途经时，都会有一瞬间的安静。

她径直走过来坐下，轻盈得像一只猫，她向他们点点头微微一笑，看向窗外。先前那几个议论她的女生都识相地闭了嘴，开始上下打量她，忍不住问她身上的衣服多少钱，语气艳羡。她诚实作答，连打了几折都如实告知。

女生从随身带的包里拿出一只小水晶杯，准备起身打水喝。一直不说话的男同事忽然站起身来，很绅士地说："车厢里人多，我替你打去吧。"女生甜甜地道了谢，把杯子递给男生。

剩下的三个女生挤眉弄眼，互相交换着眼色。

我也去打水，正好跟在男生后面。路过车厢接头的洗手间时，我看到他倏地扭向镜子，迅捷而认真地整理了一下头发和衣领。打水回来，他捧着杯子走路的样子，小心翼翼得就像一个圣徒，仿佛正捧着供品走向光的所在。

远远望去，车厢另一头，黑衣女生端然而坐，和几个表情不忿又颓然的同事挨在一起，醒目得就像一只鲜艳光洁的苹果，坐在一堆没洗干净的土豆南瓜里——呀呀呀，这么打比方，土豆和南瓜会不会生气?

嗯，我理解她们，的确是应该不爽："是她是她就是她，让我们相形见绌丑得掉渣。"

我想，我会永远对那些被称为"绿茶×"的女生好奇，坚信她们一定有什么过人之处，才能引发众怒，被人群起而攻之。

连带着，我对这个词也没法完全认同，如果这世界上有"绿茶×"，那是不是还应该存在另一种人——"嫉妒×"?

二

当你嫉妒时，有没有自我觉察的能力？

如果能，我们就会少一些狭隘，多一份豁达。少一些愤然，多一份平和。

还记得《甄嬛传》里的沈眉庄吗？当新得宠的嬛嬛试探着问她："姐姐，你会吃醋吗？"眉庄樱桃小口里轻轻慢慢地吐出了三个字："一点点。"娇羞里那份光明磊落，让人没法不爱极生敬。

后面的话更精彩，她顿了顿，又说："在这宫里，要是老吃醋，我还活不活了？"

她冰雪聪明，厘得清轻重，分得清敌我，不因妒意破坏友情，更不会无端树敌，她懂得"妒气太盛防肠断，风物长宜放眼量"。不给别人使绊，也不给自己添堵，有能力妥妥地安放好负面情绪。

低螓首，转蛾眉，眼波流转，吐气如兰，她承认自己在嫉妒的那个表情，真美。

想鉴别自己是不是在嫉妒很简单，归纳起来叫"三个不承认"：

不承认是自己不行，将别人的成绩归结于运气和心机；

不承认别人的天赋跟努力，选择性无视对方的优点，只盯着人家的不足无限放大；

不承认自己在嫉妒，口口声声说看不惯人家是因为三观不合——这点似乎没说错。

最可怕的是：

笃信人多即正义，喜欢扎堆搞小团体；

团员之间好得蜜里调油，不是因为有共同的爱好，而是因为有共同的假想敌；

组团拉拢更多和自己一样有嫉妒心的人，去孤立打击假想敌；

社团活动单一，凑在一起只能靠说假想敌的坏话才能维持——

到了这种程度，这个团体，基本上可以鉴定为“嫉妒×团”了。

我有个朋友，不幸被拉进了这样一个团，参加了几次她们的聚会，果断退出，并且明确告知以后所有聚会都不参加。她说：“除了说坏话，再无其他话资，真的很无聊恶心，我真怕有一天，我也变成她们那个样子。”

不是每个人都愿意把时间耗费在诋毁别人和听你诋毁别人上，这爱好太拉低智商啦。

嫉妒不可耻，至少说明我们还有一颗向好的心。可耻的是你嫉妒人的样子：不肯面对自己，一味迁怒他人，你太㞞了。

都说脸是灵魂的样子，当把别人的成功幸福当作自己心上的一根刺，时间久了会包裹成毒瘤。毒素慢慢蔓延至整个灵魂，必会影响到面相，最后丑陋得面目全非，连你亲妈都不认识你。

三

对付嫉妒，还是张爱玲的办法高明。

如果不是她，大多数人都不会知道有潘柳黛这个人吧？此人自称和张爱玲是好友，却大肆散播张爱玲的坏话，对其“贵族血液”的嫉妒之情溢于言表。

张爱玲的奶奶是李鸿章的小女儿，张爱玲算是李鸿章嫡亲的重外孙女，但到潘柳黛笔下就成了：“这种关系就像太平洋上淹死一只老母鸡，吃黄浦江水的上海人却自称喝到了鸡汤一样。”

张爱玲听了，轻描淡写道：“潘柳黛是谁？我不认识她。”

林徽因更绝，听说冰心写了一篇《我们太太的客厅》讽刺自己，于是送了一瓶子又香又酸的山西老陈醋，作为对冰心的回敬，不着一字，尽得风流。

这二位女神都不吵，不撕，不给别人看热闹的机会。

文字可以传世。冰心的《我们太太的客厅》，潘柳黛的《记张爱玲》，这两篇文章很出名，不是因为写得有多好，而是因为字里行间流露出的不服和失态。后世的人看了，都会意味深长地了然一笑。

人人都有嫉妒心，它与生俱来，跟手指甲一样，而且，剪了还会再长出来。长归长，但总不能不修剪，否则，一不小心划伤的，可能是自己的脸。

你到底需要几个好闺蜜？

有位男士对我说：你们女生最搞笑了，动不动就认闺蜜。有的人明明刚认识，见面没几次，就敢拍个合照发朋友圈自称是闺蜜。闺蜜，在以前那是多郑重的名词儿啊，从小到大一辈子的，就像甄嬛和沈眉庄，那样的才敢叫闺蜜，现在这词儿都让你们玩坏了。

人艰不拆好不好？词意可以随着时代不断发展演变嘛！也许大家放宽闺蜜的标准，也是为了多给双方一点机会，闺蜜也是可以养成的嘛！再说，基数越大，认识的人越多，才好遴选不是吗？

他不以为然：闺蜜满地跑，等于没闺蜜。请问百合，你认为一个女生应该有几个好闺蜜？

我认真想了想，告诉他，至少应该有四个。

第一个，要又美又瘦。

我闺蜜 Linda 刚生完娃，身体比较圆润。这一年来总和她混，耳边总是听到羡慕："哇，你真瘦，穿什么都好看！"她就这样麻痹了我，我一骄傲一大意，健身房去得少了，每天狂吃海塞。结果"杯具”了，蓦然发现去年的衣服已经套不进今年的我。往体重秤上一站，忍不住要回头看后面，是不是有人放了一只脚上来。

更吐血的是，Linda 竟然以我为目标，每天节食、跳绳，悄悄瘦了下来，开始裙袂飘飘地冒仙气了。

交友不慎，遇人不淑啊！经验告诉我，闺蜜圈里一定要有一个比自己瘦的妖精美女做参照才行。

因为她的存在会给你压力，压力会变动力，你不敢对自己的外表掉以轻心，偷懒懈怠：

当你想熬夜刷剧的时候，想起她细腻红润的脸，会乖乖地扔下手机，贴个面膜滚去睡觉；

当你想豪爽地喊一声“妈，再来一碗”时，想想她常年一尺八的小蛮腰，会默默地放下碗，下楼去跑步；

甚至，你会开始留意本季服饰流行趋势，以免人家发朋友圈的时候，你出现在合照里特别不和谐。朋友也要讲般配的对吧？你也不想被人秒成“土肥圆”。

当你开始研究护肤，在朋友圈里晒步数，加入一个早睡打卡群。心里发狠不能白让这个妖精虐时，其实也在一天天变美变瘦。

第二个，要特别爱笑。

举个例子。我还有一闺蜜清音，人家明明比我大，可是心态却比我少女，不管遇到什么事，从来没见过她生气，总是甜甜地笑啊笑的。

几年前清音由于工作调动，儿子也跟着转学，因为教材和教学方式不同，原本名列前茅的孩子一去就考了全班倒数第一。她对儿子说的话，从一开始的“慢慢来，下次争取考全班中游”，变成“慢慢来，下次争取考全班倒数第二”，到最后变成了“慢慢来，争取不要和倒数第二差太远。”

太虐心了，简直要崩溃啊。但她还是笑呵呵的。

我问：你还笑得出来？

她说：哭解决问题吗？我现在要保证的是让孩子每天开心去上学。

她就这样笑啊笑的，走到了今天。

如今，她儿子已度过了适应期，学习稳步上升，长成了阳光帅气的少年，她也升职成了 HR，整个人愈发年轻漂亮。

从她身上，我印证了两点：一、伤害我们的不是事情本身，而是我们对待事情的看法；二、爱笑的人运气不会太差。

跟这样的闺蜜在一起，日子久了我也潜移默化变得开朗起来，从前觉得过不去的事，现在就会脑补，这件事如果换了清音会怎样？一进行角色扮演，马上就会：“哈！这算个啥嘛！还值得搁心上当个事？”

第三个，要又聪明又能拼。

嘚瑟一下，这样的闺蜜其实我有不止一个。

她们已经是行业翘楚，看事透彻做事高效，聪明是肯定的了，但要命的是，还个个都那么拼。

A 年纪轻轻已经提到副处岗位，但她还是放下优厚的待遇毅然进京，去大衙门里从一个普通人员做起。

B 明明可以在一个待遇丰厚的体制里安逸到老，她还是选择自己出来创业，进入到一个自己不熟悉的领域开始摸索。

C更有意思，她除了上班，业余时间喜欢研究手作食品，烘烤各种美味小饼干小蛋糕，做的百香果果酱也是一绝，渐渐地名声越来越响，就试着开了一家微店，吃过的人都说好，“回头率”达到了百分之十七。竟然就这样开辟了第二职业。

大家聚在一起，聊得最多的是未来规划，其中不乏项目合作，常常一杯咖啡见底，连分工都初步拟好了，一点都不婆婆妈妈、犹犹豫豫、瞻前顾后。

她们有一个共同点：做事全力以赴，不受干扰，不急于解释，理由是：“不必求人理解，如果都理解了你，就说明思维在一个‘频道’里，你的认知并不比对方超前多少。”醍醐灌顶有没有？这才叫精英思维。

我现在担心的是老跟她们在一起混，一不小心也变成了精英，我们家客厅装不下我可怎么好？

第四个，和你起点相当，却过得没你好。

是的，这貌似有点阴暗。但你得承认，幸福感就是比较出来的。

这个闺蜜，她不比你丑，不比你笨，情商也不比你低，念书的时候说不定天分比你还好，但是因为运气机遇差那么一“丢丢”，所以现在混得不如你。

约翰·欧文说过：“从人的出身和对处境的无奈，好运与坏运的分配极为不均，完全没有公平可言。”

觉得现实待你不公的时候，请想一想她，会瞬间平复很多。她像一个坐标，是我们与过去的联结，提醒我们不忘初心，珍惜当下。反过来说，她能不失衡妒忌，还愿意和你做闺蜜，也正说明了她的心态好，值得你学习。

风水轮流转，再过个三五年，你怎知她不会时来运转?

禅宗中有句话，“一朵花盛开，就会有千朵万朵跟着开”。

和美好的闺蜜在一起，天天耳濡目染受其影响，也会看样学样照葫芦画瓢，身上沾染她们灵魂的香气，渐渐美好起来。这就是圈层的作用：交朋友交对了人，善莫大焉。

我想拥有的这四个闺蜜，她们本质上分别代表了四种美好品质：自律、乐观、聪明勇敢和豁达大气。

而这些，恰恰是一个女性幸福强大的必备条件。

如果一个女人，通过身边人的引领，能管理得好自己的样貌和身材，扛得住挫折和打击，凭能力实现自己的价值赢得外界的尊重，再外加一个平和的好心态，幸福离她还会远吗?

如果你身边围绕的都是才貌俱全、内外兼修的闺蜜，那恭喜你，你一定也是个美貌与智慧并重的出类拔萃的女性。

因为你是什么样的人，才会吸引到什么样的人。毕竟羽毛相似的鸟儿才会飞到一起，不是吗?

所以，亲爱的你，是时候检阅一下自己的闺蜜圈子了!

聪明女人互相抬，蠢女人才互相踩

一

在《红楼梦》读书会上，主持人问我："如果没有宝玉，宝钗和黛玉会是什么关系？"

我说："她俩是一对灵魂知己，不管有没有宝玉。"

开一下脑洞，就算她俩同在一个屋檐下共事一夫，也绝对能相互扶持相互体恤。

主持人又问："如果在现在，她俩能合伙创业吗？"

我说："当然，而且会做得风生水起。"

因为，她们都是聪明女生。

聪明女生与聪明女生惺惺相惜，情比金坚，强强联手，所向无敌。

二

首先，聪明女生交朋友门槛儿高。

她们有一个共性，不管外表多么友善有教养，骨子里其实都很骄傲，智商和认知决定了她们不会随便交朋友。要交，也得是自己看得上的人才行，不会因为寂寞而凑合甚至滥交。换而言之，朋友圈都经过筛选，不是什么阿猫阿狗都进得来。

其次，她们对友情珍惜。

正因为自己看得上的朋友太少，一旦有入眼的，自然高山流水遇知音如获至宝，从此曾经沧海难为水。

就像林徽因对费慰梅："要是你能突然闯进我的房间，带来一盆花，和一串废话和笑声该有多好。"

又像张爱玲对邝文美："我绝对没有那样的妄想，以为还会结交到像你这样的朋友，无论走到天涯海角再没有这样的人……有了你这样的朋友之后，也的确是宠坏了我，令我对其他朋友都看不上眼。"

第三，她们对朋友有包容心，能接纳对方的缺点。

当发自内心的接纳欣赏一个人，自然懂得包容对方的缺点，"爱之而知其恶"，也容其恶。

就像宝钗了解黛玉一贯的刻薄："真真颦儿这张嘴，叫人爱也不是恨也不是。"像黛玉了解宝钗偶尔的虚伪："这宝姐姐，也太胶柱鼓瑟、矫揉造作了。"

她们会互怼，但感情却不容别人置喙挑拨。湘云含沙射影说黛玉嫉妒宝琴得宠时，宝钗澄清说："我的妹妹和她的妹妹一样。她喜欢的比我还疼呢，哪里还恼？你信云儿混说，她那嘴有什么正经。"

最后，聪明女生会维护对方，懂得相互成全。

《飘》里的梅兰妮，当有人疯传她丈夫与郝思嘉的绯闻时，作为宴会的女主人，跑上来迎接忐忑不安的郝思嘉，挽住后者的胳膊亲密同行，干净利落地保护女友声誉，力破传闻。梅兰妮永远忘不了，当年她在战火中生下孩子生死攸关，是郝思嘉赶着马车冲过重重关卡，把她带回故乡，她们可是过命的交情。

在这一刻，没有比这种力挺更能帮彼此摆脱尴尬了。

就像苏青当年写给张爱玲的信一样："叨在同性。"女性之间的体恤、共情、义气和真诚是很多鸡贼的男性们不能匹敌的。

三

眼下，身边很多女生共同创业做事已成趋势：

A 和 B 一起做公号，C 和 D 一起办公司，E 跟 F 一起开文创工作室，G 和 H 一起开培训辅导班——时代不同了，这一届女生真的很拼。

就连我们小区门口的包子店，都是两个农村好姐妹开的，本是邻居，现在孩子大点了，便进城租了个小店一起挣钱。

发现一个规律：凡是能做成事的，几乎都是聪明人强强联手的结果。

当三观一致、认知相当、彼此包容、互惠让利，这样的搭档怎么可能不收获颇丰？

最带劲的是一大群聪明女生结盟，彼此之间形成了正向循环，自己努力也互相借力，人脉会越来越广，路自然也会越走越宽。

她们还有一个共同点，就是会真心为对方取得的进步喝彩，最不济，也不会因嫉妒而陷害抹黑对方，不因对方暂时的成功而心态失衡。

她们明白：朋友圈子里厉害的人越多，说明自己也不会太差。

现实点说，有个牛人朋友自己也会获益，她的能力、资源、人脉关键时刻很可能会帮你渡过难关，她厉害，你一点也不吃亏啊！胸怀度量何尝不是格局和远见呢？干吗要见不得对方好呢？

很多人即便后来分道扬镳，也是“君子绝交，不出恶言”，懂得保留双方的体面，江湖再见亦不难堪，这就是聪明人的做法。

四

而蠢女人则相反，她们既没有独处的能力，也没有维持友情最基本的修养。

表面上浓情蜜意亲亲密密，实际上暗地里攀比互黑。

如果互相猜忌抹黑这件事产生的负能量能发电，有她们在，电厂工人都得下岗。

我亲眼见过，两个外人眼中的好闺蜜，表面上甜甜蜜蜜，朋友圈里发着贴脸自拍，互相点赞，背地里却在别人面前互相揭对方老底，外加抹黑诋毁。拉拢身边人孤立对方，周围人不堪其扰。

没有比亲近的人揭老底更可怕的了，因为她对你的一切了如指掌；也没有比亲近的人诋毁你更可怕的了，因为她说什么别人都信。

这种“塑料姐妹花”关系，令我联想到一个极不好听的概念：

嫖客心态。一边占有一边鄙夷。她们只是彼此用来对付孤单的不太趁手的武器，拿在手里硌手，丢了又心里发虚。

三观不同便不必强融，大路朝天各走一边，胜过这样一边甜甜蜜蜜手拉手，一边咬牙切齿地吐唾沫，还自以为没翻脸就是情商高段位高。

看到别人创业，她们也眼热了，合作一个项目，但没几天，两人就开始猜心思了。

一方怀疑另一方和合作方有单线联系，开始杯弓蛇影四处打听对方行踪。甚至让身边朋友帮忙调查对方行踪，看看对方最近有没有飞武汉。又因某个异性给她们朋友圈的点赞数不均，开始了新一轮的互黑互踩。白白让周围人看笑话。

就这种人品和智商，不踢出朋友圈，还留着过年吗？

女性背负着生理与家庭的重负，出来打拼已经足够艰难，如果再不团结，忙于互相伤害，只能是贻笑大方。要改变狭窄思维，把格局放大，眼光放远，才有可能在丛林社会中获得一席立足之地。

如果你自认是个聪明女生，那请记住，你是来交友的，不是来攀比的；你是来挣钱的，不是来宫斗的；你是来做事的，不是来做局的。

你身为一个独立女性来实现自我价值完成梦想，而不是试图争风吃醋、求关注、捞好处。

让蠢女人们互相踩吧，聪明女生要互相抬，相亲相爱合作共赢，互相借力又互相宽容，一起做事一起成功，一起走向人生的巅峰。

对我好一点，也许我们很快就疏远

一

2008 年 5 月 12 日。我永远记得这个日子。

当时我在一个好朋友 A 家的床上，我俩一起躺着午休，那时候我们的关系好得如胶似漆，好到可以随便出入对方家掀开被子就上床的那种。

我那一阵子身体不太好，总感觉到疲乏，地震发生的时候，一阵大大的眩晕袭来。我以为我的眩晕又犯了，于是一动不动躺着等眩晕过去。

A 很紧张地推我，说：地震了！咱们赶紧跑出去。

我们鞋都没换，就穿着拖鞋披头散发跑到小区里了。

下午才知道，那是一场惨绝人寰的大地震。

如今，已是 N 多年过去。我唯一想起来的，是我当时躺在我最好朋友的床上，与她共历了那个灾难时刻。

那以后没多久，我就离开了原来的城市。我刚走的时候，她特别不适应，好像世界都缺一个角，吃饭睡觉逛街聊天都有点无所适从。

一两年后再见面，彼此竟然感到无话可说，在她新的圈子我是外人，而我的新生活她一无所知。

现在，我与她已经少有联系，微信上也只是点赞之交，“等闲变却故人心，却道故人心易变”，是时间和空间拉开了我们的距离。

就这么疏远，也是没办法的事。

友情一定是要落实在吃饭、睡觉、聊天等这些实际事情中才会有生命力，跟爱情一样。维持异地友情比异地恋还难，因为没有道德负担，一切都是自然而然发生的。

二

不接地气的友谊，如空中楼阁。不参与到彼此的生活中来，只是云里雾里聊，迷雾一散便会消失殆尽。就像种子一定要在土壤里扎根，才能根系强壮，枝繁叶茂。

我说的是微友、博友等各类网友。

在网上聊得再如火如荼，跟现实终归是不一样。这样的朋友最容易失散。所以，我建议那些网上的精神知己们，在确定了对方人品的前提下，无论如何排除万难，应该见一见，郑重其事地坐在一起，哪怕一杯清茶的工夫，都会比天天在网上聊八个小时来得靠谱。

因为人是群居动物，这样的基因在我们的血液里已经存续了几万年，短时间内很难改变。见到活人，看到对方的模样，闻到对方的气味，听到对方的声音，触摸到对方的温度，才能真正坐实这一桩友情，才算落听。

接下来，如果合眼缘对脾气，请互相惦念互相麻烦。就像部门之间建立联系后，必须要有业务往来，偶尔给对方带个礼物，或请对方帮你点小忙，或主动帮对方一点忙，会格外温暖，又亲近一层。一点点加固这份感情，从线上延续到线下，用现实生活的纽带把彼此连接起来，一味务虚总有枯燥乏味的一天。同时，这也是一种考验，在这个过程中对方的三观、人品也会一一显现，合辙就赚了，不合就要么断要么不动声色地疏远。

在这方面，我有一个深切的体会。曾经有一个网友，暂且称她为 Y 吧。

其实严格意义上不算网友，是见过一面的，她是我朋友的同学。一次饭局上见过，彼此印象还不错，当时并没有互留联系方式。几年后，朋友转我的文章，她看到后想加我，朋友把她的微信号推荐给了我，我们又互加了 QQ，一度聊得热火朝天，她比较敏感，属于又自卑又清高的矛盾个性，但却什么都跟我说，包括一些个人隐私。因为有共同认识的人，所以共同语言又更多一点。

有一次我遇到一点事，她说要从北京来看我，我连忙说不用麻烦，千万不用跑这一趟。现在我偶尔会想到，如果那次我同意她来，后来的我们会不会不一样？

后来我出了书，还给她寄了一本。但从那以后，很明显她与我疏远了。再没有主动联系过我，我主动向她问候过一两次之后，确定了自己的怀疑，我们之间的确是有了隔阂。紧接着，她删了我的微信。我有点蒙，便问介绍我俩认识的朋友，答复是：谁知道哪根筋搭错了？她的个性本来就有点怪。

我后来反思梳理了一下，理清了缘由，也未曾再进一步挽回，随缘吧。偶尔也会看到，Y 现在还会偶尔造访我的 QQ 空间，但我早已心如止水。

就这样疏远，就像看着一枚果子在枝头，长到一定程度，因为营养不济，再无法成熟，只能任之渐渐萎缩，最后一阵小风经过，就将它碰落，腐烂于尘土之中。

三

要说感情基础牢固，还得数同学和发小。

我的发小W，从小一起长大，见证了彼此的成长，知道对方的一切秘密和糗事。现在虽然已经不在一起，但三五天内必打电话联系，没话找话也会唠叨半天。最标志的一句是：“我这边下雨了，你那边呢？”这是我们自己之间的特殊暗号，表达着对对方的惦念。

越长大，越孤单，越觉得交朋友太难。身边的人来来往往，聚了又散已成常态，为利益反目也司空见惯。所以，我和 W 尽管在生活态度上有很多不同，互相有时候也很看不惯甚至讨厌对方，但是迄今为止我们还没有想过放弃这段友情，而且，我们还拿出最大的诚意在经营。

这些年我俩始终坚持了一件事，就是每年排除万难，两人相约一次旅行，无论路程远近，景点大小。去年因为太忙，旅行的事一拖再拖，在一年行将结束时才终于成行。时间紧，我们选择了去附近的一座山，旅游淡季的寒冬腊月，山里万物萧条，到处光秃秃的，人也不见几个，实在没什么好看的。但是对我们而言关键并不在于景点，而在于完成了今年的指标任务，其意义就在于“两人一起”。

这的确有点刻意，但是这点形式弥足重要，因为它给了我们一个维护友情的机会。任何东西都一样，年久失修必定废弃。

W说得最多的是：“你说咱俩会不会将来处臭了？”这样的话，她每年旅行都要提起。

可是随着时间推移，我能感觉到她的心态在变化，从一开始的担心忐忑，到现在的调侃，这背后折射着一个人的成长，从害怕失去，到坦然接受失去。

会不会变“臭”？会不会疏远？这个问题我也不知道。人与人之间的关系这么诡异，我无法预测明天会发生什么，只好随时做好发生什么的准备。

所以，我总会厚颜无耻地对她说：“那就对我好一点，因为不知道什么时候，我们就疏远了。”

这句话，与所有朋友共勉。珍惜你身边的朋友，你不知道，他（她）会在你身边待多久。人生这一趟列车走走停停，不断有人到站有人刚上来，不管时间长与短，是他们给过我们陪伴，而我们，原都是那么害怕孤单。

不要夹生饭，给我一盅在光阴里小火慢炖的友情

一

早起无事，翻看从前的朋友圈，一年一年往前刷，看自己这几年走过的路，看过的书，写过的字，途经的美好与伤感。

也看自己犯过的傻，努过的力，吵过的架，经过的难。

朋友圈当然得有朋友的身影，我还看到生命中与他人的各种交集。几年里有人走了，有人来，有的人来了就没有离开，而有的人则自始至终都在。缘分或深或浅，交情或长或短。

翻到 2015 年 12 月 11 日那天，我看到自己晒了一张明信片，上面是手写的赠言："百合：如果让我总结今年，那么结识你一定是我今年意外的惊喜，就像生活突然冲我嫣然一笑。谢谢你。"

这是女友美露送的，我们认识的那一年年末，同城的她给我快递来一份新年礼物。除了一本名人传记，还附送了这样一张卡片做书签。也是在那一年，认识她以后，觉得自己不再那么孤单，对这个城市积攒了第一笔好感。

朋友的意义在于，因为一个人的出现，开始觉得生活对自己变得善意起来。

二

认识四五年来，我们互相推荐电影，交换书看，了解彼此家人的情况，知道对方喜欢和讨厌的人的名字。

然而，我们见面并不勤，分住一城南北，身为忙碌的现代人，为了见一次面，得花一半个时辰，经受无数红灯的考验，车马劳顿穿越整个城市，一年见五次已然是我们的极限。绝大多数的交流都靠电话、微信加快递。

有空闲就见，没有空闲就不见，从不为了见而见。

她妈妈住院做手术，我因为有事走不开，便快递了一点营养品过去，人没到，但她不计较，欣然接受。

半年前她约我一次饭，见面后两人不觉得饿，于是在商场顶层茶座坐下来，一人一杯燕麦奶茶，一直聊到夜深，店打烊了，我们带一身寒气披着星光，各自打车回家吃泡面。

用社交礼仪衡量，这都算是礼数疏忽，但友情跟爱情一样，鞋舒不舒服只有脚知道，谁管谁筋疼？

这种友情，像是一棵野生的桃树，花儿要开开要落落，我们从不为此左右为难。但一年一年下来，这棵树也长得根深叶茂，像模像样。

岁月有着不动声色的力量，让友情缓慢牢靠地生长。

三

一个成年人，如果没有一两个相交五年以上的朋友，人生该多么荒芜。

那样的你，也许不缺一起共赴前程的人，却没有人知道你的来处，不了解你身上的旧疾，自然也无法体会你当下的隐痛。当你百口莫辩时，常常张张嘴就算了，懒得多说，因为说来话太长。

你盼望有这样的人，你在她面前畅所欲言，观点偶尔出位她也不会愕然，你只用做自己，不装不遮掩。

可是，这样的朋友需要足够的时间去筛选，足够的耐心去等待，足够的考验去甄别。

那些能留到最后的老朋友，其实一开始时并不见得是自己最在意的，要等很久以后，蓦然回首，才发现其他人早已作鸟兽散，只剩她还在。

有一次回家，一推门，看到同学在我家厨房里忙活，餐桌上放着一沓她带来的驴肉火烧。我总不在，她会偶尔来我家陪我妈聊聊天。

我洗了手，坐在桌前吃火烧。没有太多寒暄，此时说一句谢谢都是见外。

算了算，从我们少年懵懂时开学那天第一次相见，到如今面目平淡地坐在一起吃饭，已经过去了十七八年。

我们共度过很多平淡的日子，见证过双方人生的重大时刻，知道对方生命中出现过的甲乙丙丁，彼此心灵上的每一道划痕都了然于心。

不会时时腻在一起，但一年不联系也不会觉得疏远。漫长的时光，把我们从同窗进化成了后天亲人。

四

初次相识便过分热络来结交的人，总会让我有很大压力。越是没有利益目的，只是单纯想做朋友的，我越害怕。我把这种操作称之为“硬交”。

因为最是朋友，不能随便做。

我当然相信会有“与君初相识，恰如故人归”的例外，但绝大部分都会“欲速则不达”。

速成的友情往往夹生，因为时间太短，短到根本来不及真正了解一个人，贸然走近，会成为一场冒险。一旦发现彼此不相融洽后再疏远，还不如一开始就保持距离。

就像盖房子，地基不牢，盖得越快就越心虚，一阵风，一场雨，一点点震动，都会造成极大恐慌，这样的友情缺乏安全感，会横生猜忌和事端。

诗人牛皮明明说：“时间就像大风，吹散萍水相逢，留下那些真心的人。”

物竞天择，如果你注定是我的朋友，大风刮也刮不走，“吹尽狂沙始到金”，你比金子还珍贵。

我还听说缘分自有定数，我的克制便是珍惜。他们说“人生得意须尽欢”，可我情愿细水长流地省俭，给后来留出余地和空间。

不要对友情拔苗助长，让它顺其自然吧。一辈子长着呢，且将这情分交给光阴慢慢盘，盘出润泽的包浆。

五

我心中好的友情，包括“俞伯牙摔琴谢知音”：你一出现，其他人都变成将就，你离开后便是曾经沧海。

也包括“王子猷雪夜访戴”：我向你走来，或者掉头离开，都与你无关，我只为自己的心。

还包括离我一尺开外，点燃一只红泥小火炉，炉子上坐一锅汤，锅里咕嘟咕嘟冒着泡，热气不紧不慢，不让人心焦火燎。

永远不煳底，也永远不溢锅。因为水够多，而火不呛。

这锅汤，用性情与人品做汤底，真心是锅底的火，岁月是熬汤的水，生命中一起经过的高低起伏如配料调味品，一样样加进来。水与食材慢慢渗透，熬出了一锅水乳交融的情感老汤。

给我一盅这样的汤吧，滋补醇香，余味绵长。

村上春树说：“凭时间赢来的东西，时间必定为其作证。”这盅汤，你尝过便知道：真材实料小火慢炖，与加过人工味精的速成款，终归不一样。这差别，就在那一段无法补齐无可取代的光阴上。

不舍得用破事儿麻烦你的朋友

一

今天一大早收到一个网页链接，是我在医院的闺蜜发给我的。内容是医院科室争分夺秒上下通力抢救一个冠心病危急病人的报道。说实话，我一看心里挺激动的，这也是我战斗过的地方啊，看着照片里那一张张熟悉的面孔，一个个熟悉的身影，心想如果我在，也会是这忙碌中的一员吧？

闺蜜说：这报道写得咋样？

我说：挺好。

她说这是院长亲自写的。

我说院长容易吗？还得自己发通稿。

她问：要是你写会怎么写？

我说：不会比这写得更好。因为我不在现场，没有第一手资料和感受。

她说：本来有人提议让我闺蜜操刀。

她“闺蜜”指的就是我。

她闺蜜我马上就不高兴了：谁呀？这么不拿自己当外人。

她连忙打圆场说：都是我平常把你吹得太厉害了。

她是明白人，即便有人怂恿，这种事也不会来麻烦我。她把让我帮忙的事情严格地限定在她我之间，比如帮她写个竞聘演讲稿、年终总结，还有教她娃看图说话上。而这些事，我是再忙也要帮她干而且要干好的。

我忍不住要多表扬她一下。以前我在医院工团工作时，好多人会过来管我要个扑克、球拍什么的，我觉得人家交了会费的，来要东西理所应当，所以通常都是来者不拒。但她从来没来要过。有一次我问她怎么从来不跟我张口，她说：“咱俩这关系，我要东西怕人说你闲话。”

这事儿估计她自己都忘了，但我却一直记着。尽管她也有诸多令我恨得牙痒痒的缺点：性子轴，心太实，反射弧又长，总不免掉这样那样的坑，她常常也自嘲脑子进水。但单凭这一点，在我心里，她一直是个高尚的人，值得深交的人。

她不给我添无谓的麻烦，正因为我们是好朋友。这和另一类人恰好相反：正因为我们是“好朋友”，只要我找你，你什么事都帮我是应该的，否则就不够朋友。

二

我最反感的是什么人？

是那种一个电话过来，张嘴就说“我朋友是做什么生意的，我都跟人家说了我有个朋友特别会写，你帮个忙给他写个广告文案”的人，后面还轻描淡写加一句：“你写这个还不跟玩儿似的？”

我真想说：“既然跟玩儿似的，你怎么不自己玩儿呢？”对于爱惜羽毛的人来说，每一个字都不会潦草应付，都要过得了自己这一关才肯拿得出手，这其中的辛苦用心岂是你一个轻飘飘的“玩”字就带过的？

术业有专攻，什么都不白来，据说一个人要在某一行业做到技术纯熟需要至少一万个小时也就是七年的训练。每一项举重若轻的娴熟背后，都凝结着当事人精诚刻苦的心血和日复一日的汗水。

最近我学剪纸，才发现这个看似简单其实很费神。一个小老虎，我剪了好几天还没完工。教剪纸的老师说：知道不容易了吧？有人看到人家农村老太太自己剪好的有一大沓，张嘴就是“大娘你这么多窗花呢，送我几对吧”，个中的难非要等自己剪一次就知道了。

每一项劳动都有自己的价值，值得被尊重感恩，而不是“你正好会这个，就正好给我做这个；你正好有这个，何不给我来一个？”

有意思的是，这些上下嘴皮子一碰就来麻烦我的人，平常基本上并没什么深交，顶多算熟人，大部分是无事不登三宝殿的主儿。他们找我的来由，也许就是在一次觥筹交错的饭局酒桌上，喝晕了喝高了，聊起了这话题，他一拍脑门子，想起来还认识个我，然后一拍胸脯自告奋勇地说：“我认识个朋友是写字儿的，我让她给你写一个！”给我打电话的时候，我甚至能听到电话那边乱哄哄的背景声音，夹杂着人们喝高了后的胡言乱语和哄笑。

说句不好听的，在商言商，你朋友既然是做生意挣钱的，怎么不明白凡事有投入才有产出这个道理呢？你要拓展圈子、巩固人脉、讨好别人，却理直气壮地拉我来做免费劳力，这有点不大好吧？

至少你要问问我有没有精力跟时间，是不是能随叫随到为你服务。

三

最让我为难的是什么人？

是那种一个电话打过来，问我“你自己的书手头还有吗？拿几本过来，我要送谁谁谁”的人。刚开始，我还尽量满足，越到后来越觉得不对劲。

且先别说这些书也是我自己买的，它的属性也是商品。既然是商品，你会对着一个开小卖部的人说：“把你铺子里的好烟给我朋友拿几条白抽”吗？连你自己都不会去径自拿一盒抽吧？怎么偏偏书就例外呢？也许你会说“我是看得起你”吧？

更让人难受的还不是这个。要送人情我不恼，如果人家真愿意读，我会工工整整在扉页上写上寄语，签上名字，再恭恭敬敬双手奉上：“敬请雅正”，感谢人家的知遇之恩。问题是很多时候，你要转赠的人根本就不读书，我辛辛苦苦一字一句写就，积数年心血方得的作品一转眼就被人家不知道丢哪儿吸土去了。其实看书这事儿有个铁律：凡是送的书人一般都不会看，因为得来容易就不珍惜，想看的，自己会掏钱买。

对一本书来说，最悲惨的命运是什么？不是被人翻得散架破损，而是永远不曾被翻开。我只想我的每一本书都有一个好归宿。

如果交情到了，对方也是个对我作品感兴趣的读书人，不用人家张口我也会送；管我张口要的，如果真心喜读我也很乐意；最怕的是落到那些根本不阅读的人手上。我的书有些网店已经卖断货，多少读者正一书难求。说暴殄天物有点自恋，至少把它留给更需要的人吧？

可是来讨书的人不这样想，他们不舍得自己花一分钱，就想拿这样一本作者签名的书去送人情装门面。而且，他们多半还会说：这个作家是我朋友。

这是朋友该干的事儿吗？这是拿我当礼品盒子上的蝴蝶结。看着好看，盖子一掀，丢到一边。

四

越来越觉得，那些特别好意思来麻烦你的人，说好听点是拿你当人脉，说难听点是既然认识你，有便宜不占白不占。

虽然他们常常对外宣称和你是朋友，但他们嘴里的朋友和真正的朋友，定义完全不同。

真正的朋友，他们在真正需要用你的时候会第一时间求助，但不会无节制滥用。因为他们会尊重你的劳动，珍惜你的时间，体贴你的感受，保护你的价值。

他们有原则有底线，懂得不过度使用和消耗，来保证这份友情的纯粹，延长它的期限。

他们会以你为荣，但也有界限，不会以友情之名来利用你、榨取你，勉强你作难做的事儿。他们不会拿你当扫地机、铺路石、冤大头，用你的价值来为自己求虚荣谋私利。

他们懂你的不容易，会设身处地替你着想，比旁人更呵护心疼你，不会为一些不相干的破事儿来扰乱你的生活，分散你的精力，必要的时候，他们甚至会站在你的门外，替你挡掉麻烦。

交朋友要交人品，一个有素质的人最懂得自律，明白“己所不欲勿施于人”。如果做不到这些，就不具备一个朋友应该有的修养。

打个不恰当的比喻，友情是存在对方心灵账户里的存款，懂得理财的聪明人不会随便来支取甚至透支。

还记得那个俄罗斯童话吗？《渔夫与金鱼》。

渔夫老头网到了一条会说话的金鱼，金鱼说：你要什么报酬我都答应你。老头什么都不要，放了它。金鱼心怀感激。

回到老太婆哪儿去，告诉她这桩天大的奇事。老太婆骂他至少应该去要一只木盆，于是老头儿走向蓝色的大海，向金鱼求助，金鱼答应了他。这是第一次。

第二次，老太婆让老头去向金鱼要幢木房子，金鱼满足了他。

第三次，老太婆让老头找金鱼，她要做世袭的贵妇人，金鱼满足了他。

第四次，老太婆要求老头儿找金鱼，她要做女皇。金鱼满足了他。

最后一次，她要做海上的女霸王，叫金鱼来侍候她。老头儿去找金鱼时，金鱼一句话也不说，只是尾巴在水里一划，游到深深的大海里去了。

人活一世，知己难求，一旦拥有，要郑重以待。愿我们都自觉自律，不要因为那些不必要的麻烦，让你的朋友从此寒了心，与你渐行渐远，最后消失在茫茫人海。

致那些生命中给我一程温暖，又终将远离的人们

一

好久没上QQ，今天一上去，看到葡萄的一句留言："亲爱的，很抱歉，因为身体原因我下个月要离职了，很舍不得，你也要多保重！多保重哦！将来健健康康地再约哦！"

我看看留言，是十几天前的，马上问她："你还会回来的，对吧？"

过了一会儿，她回复：应该不会了。

明知天下没有不散的宴席，但得到她的答复以后，心里还是空了一空。

葡萄是我生命里极为重要的一个人。

打个比方，就好像是我走到命运的岔路口，自己尚还无知无觉时，等在路边的她忽然笑眯眯伸出手，温柔地引领我走上了一条从未走过的路。

这是一条难走的路，荆棘丛生，没有什么捷径可循，只能一

路披荆斩棘，随时拂开扫到脸上来的树枝。

同行者很少，多数时间大家都是孤独的旅人。

最好的自娱自乐是将荆棘和野花编成花冠戴在头上，偷偷跳一小会儿舞。

太累的时候，我想就此折返，可是刚一动念，就听到葡萄在背后说："加油，你看你都已经走了这么远，还可以再走远一点。等你的筋骨走结实了，就不这么累了。你看一下四周，风景多么美。"

是的，一路风景特别美，而且越来越美，花朵芬芳妖娆，溪水清澈可鉴，清风吹来，四野微微呼吸起伏，你能看到透明的空气起了波纹。这世界纯净绮丽，不受干扰，如同一个真实的梦境。

天黑下来，万籁俱寂，一切生灵都蛰伏休憩，只有我不能停，看看天上的星光，觉得再坚持一下，也许就能找到一间歇脚的茅草屋。可是当我翻山越岭，从天黑走到天亮，又从天亮走到天黑，才发现这条路上根本没有驿站可言。原来走这条路的意义不在于抵达，而在沿途那么美的风景。

我开始享受这种累，而当一件事情开始用"享受"这个词来形容，就意味着已经从困境中渐渐解脱。

二

讲真，如果没有她，今天的我都不知道自己在做什么。也许还是一个普通的上班族，在一个老体制里上着朝八晚五的班，过着麻木的生活，是那种一眼能看到退休，看到老，看到死的生活。像笼子里的鸟，人家喂什么我就只能吃什么。绝不可能像现在这样，当一年即将结束的时候，想一想明年还能干点啥。

五年前一个深秋的傍晚，我在一个昏暗的火车站候车室里等火车，百无聊赖时去逛站内书报亭，无意间翻到一本杂志，看到里面有一篇名家写的点评《红楼梦》的文章。忽然不知天高地厚地想：这样的文章我也可以呀！回来便写了一篇，投给了杂志上的邮箱地址。

没过多久就收到了编辑的回复，她说：可以用，以后写稿子就投这个邮箱哦，署名葡萄。

从那以后，每个月的20号，这个叫葡萄的人就会抡起小鞭子，对我说：你，该交稿子了！

我不是专业写作者，没有大块的时间来思考，只能在生活的缝隙里鸡零狗碎地构思，在午休时间或者用工作时间的边角料磕磕巴巴地写。

那时我对文章的好坏没有多少概念，凭感觉写，质量全靠葡萄把关。当大家夸我的《红楼》赏析文好看时，这里面也有葡萄的功劳。

有时候她会说：你知道吗？今天开会我们主编表扬你了。

有时候她会说：编辑部收到读者反馈，点名说喜欢看你的文章。

姑且都当那是真的——其实我不见得有多好，是她愿意鼓励我。

当我偶尔跟她撒娇说：这个月事情太多，不写了，停一个月好不好？

她马上痛快答应：好的，你调整一下。这个月先放你假啦！

一个月以后，她会如期拿着小皮鞭站在我面前：你，该交租子了。

啊？一个月这么快就到了？唉，那好吧。

……

我是一个很烦人的作者，每次写完已经交了稿，又觉得这儿那儿不合适要修改，如此反复好多次。但是葡萄每次都不厌其烦，认真调稿子出来跟我讨论，这句话到底要怎么改才对。

我拿捏不定的时候，她会说：不急，离进印刷厂还有几天时间，你慢慢想。

当我敲定的时候，她会说：没事，进印刷厂之前你还可以随时改。

或者说：想好了？不改了吧？我马上就付印去啦。

在这一次次的修改之中，让我越来越接近写作的核心。我渐渐了解自己到底要表达什么，要表达出怎样的深度和效果。如果这个过程中，对我的龟毛个性，葡萄稍稍显露出一点不以为然或不耐烦，我可能就不好再去麻烦她，而失去了那颗较真求好的心。好在她没有，而是细心耐心地与我推敲，从一个字，到一个词，到一句话，再到段落和整体结构，我们都一次次反复斟酌。

每一篇文章，我们都要改到改不动为止，等到印刷品摆到面前时，我连一下都不想看。我想她一定也是。

大约写到一年多的时候，葡萄忽然对我说：百合同学，你也出本书吧！

我说你别逗了。

她说：我了解，你行！

就这样，不由分说地，她在我的心里又摁下一颗出书的种子。

当字数攒够，《百看红楼》真的要出版的时候，我差点在书的扉页上印上“献给葡萄”，因为没有她最开始的引领与鼓励，我一个庸庸碌碌混日子的人，根本不可能成为一个美其名曰的作家。

没什么商量，我“命令”她来为书写跋。这回终于轮到我抡起小鞭子管她收租子了，她痛快答应了。

当她把跋写好，我看到了经过几年磨合后她对我深深的了解，她这样描述我：“她说一个好的作者应该隐藏自己，只奉献自己的作品，所以迄今为止，我只能确定她的性别——”

是的，你没看错，除了性别，我们对对方一无所知。

三

她不知道我的真实姓名、样貌和年龄，就像我也不知道她的一样。五年多来，我们就是这样度过的，既陌生又熟悉。在文字的世界里，我们是最熟悉最亲密的搭档；在生活里，即使迎面走在大街上也会擦肩而过。

微信时代，我们竟然有默契地没有互加微信。她关注了我的公号，但从来不留言。她很体贴，成全了我只想躲在文字后面，与人群保持一点疏离的小心思。

我们互相留了电话，有一次有急事我给她打过去，她有事没有接。后来她用QQ 回：“怎么了？”连声音都是回避的。

她有来过我的城市出差，都是回去了才告诉我：她来过。

有一次杂志社组织作者见面会，她在Q上问我：你能来参加吗？

我特别怕见人，于是反问：你怕见我吗？

她说：怕。

我说：那我不去了。

她说：好。

然后她就愉快地给上司复命去了。我似乎能看到她如释重负长出一口气，我又何尝不是？

选择不见，是一种近乡情更怯、想见又不敢见的珍惜与忐忑。我们很像，有同样的敏感与紧绷。

曾经以为我们会以这样特殊的方式同行很久很久，只要这个杂志社不倒闭，我们这对CP就能这样一直组下去。

然而现在，她亲口告诉我说要离开，这意味着我们今后的连接即将切断。她把我交付给另一个编辑，并告诉我说：对方是一个可爱的姑娘。

我对她说：反正你接下来短期内不打算上班，要不咱俩约个地方“私奔”一次？

她说：我先养美一点，现在还是黑皮。

看来还是不敢见，我了解那种感觉，因为太珍惜而不敢面对，怕自己不够好，配不上如此美好的会面。就让我们活在彼此的想象里吧。

她曾经在跋里写她想象中的我：是一个穿着米色风衣的优雅

女子。

优雅未必，我常常在生活面前灰头土脸气急败坏，但我真的有一件米色的风衣，深秋的时候，我会穿起它走在风里。如她猜想，我喜欢看温暖阳光照耀下的山河明媚。

也许就此一转身，她消失在茫茫人海。我们此生再也不用相见。

也许在某年某月的某一天，她会站在我面前，我们会互相微笑着打量对方：呀，你和我想象中太一样，或者太不一样。

永远不会忘记，人生中的那么几年，百合和葡萄两个女子因为文字结缘，曾经并肩前行过一段，相互信任，相互借力，又相互成全。我牵着她的衣袖，任她牵着我向前走。

今天，她忽然站在人生的街角处，说她不走了，就此别过。

我能说什么呢？想说从此分两地，各自保平安。

想说我在这里祝福你，前路平坦，桥都坚固，隧道都光明。

想说：你知道吗？你其实是我生命中的贵人，某种意义上讲，是你帮助我重塑了我自己。

我们这一生啊，要把多少不走心的甜言蜜语说给不相干的人听，而对自己最感激的人，却言辞笨拙，词不达意。

其实最想说的是：我舍不得你。

多少人都是如此，在我们本来已经习惯了有他们之后，忽然抽身离去，在我们生命里留下或深或浅的印迹。我们站在原地，看他们坐着命运的列车驶离。只希望将来有那么一刻，当没有来由地回忆起往事，忽觉得世界这么大人这么多，不枉我们白白相识一场：不曾因共事时做事潦草应付而悔恨，也不因相处时阳奉阴违而羞愧。

我知道离合乃人生常事，人就是要在不断别离之中老去，但还是禁不住要用一整天的时间来感伤。

谨以此文，致那些在我生命里温暖过或正温暖着我，而又终将远离的人们。

说废话，是在灵魂入口处大声喧哗

一

我身边有两个朋友，他们聊天时都喜欢说同一句话："我跟你讲，是这样的——"

听起来都差不多是吧？但我的反应截然不同。

对A，我的眼前是拨开云翳升明月。

对B，我想用头撞墙：呃，又来。

因为，A 接下来的内容总是简明扼要，正中靶心；

而B，这句话是"环球旅行"刚刚迈开第一步。如果把所谈论的问题比作中心，他必定要从最远处说起，你不知道他要绕多久才能到达目的地，在这个过程里，你总是找不到自己的兴趣点，却被动接收一些没用的信息，我的耐心已经耗光，但仍然前路漫漫无期，看不到曙光——打个污比方：前戏太长，等高潮等得要睡着。

到后来，当我一听到B 说"我跟你这么说吧"，我脑袋就"嗡"地一大，想死。不听不礼貌，听就是受折磨，渐渐地，我跟B 的话越来越少，尽量不招惹他。

B之所以这样，也许是他太想表达完整，致力于每一个细枝末节都想交代，以至冲淡了谈话主题。但越是这样就越显得啰里吧嗦，越暴露出自己逻辑不好。

《甄嬛传》里有个情节，皇上正为了时疫焦头烂额，华妃带着御医前来邀功，说已经找到了医治时疫的良方，让江太医讲解。江太医直挺挺跪在地上，从中医知识开始，细说从头："风、寒、暑、湿、燥、火，六邪气从口鼻而入，若是太过，均可产生疫气，侵犯上焦肺卫，于五内肺腑相克而为时疫——"皇上的眼神越来越不耐烦，没等说完，龙颜已怒："不要掉书袋，拣紧要的说！"

这有点像之前我们公司开周会，各部门挨个简要汇报自己的近期工作，这是最能看出个人逻辑能力的时候了。有的人三言两语就把事情交代得脉络清晰，有的人却长篇大论还让人不知所云，老板只好说："你先停下，现在我问，你答。"

看，很多时候，不是比谁能说得事无巨细全须全尾，而是看谁能说到点儿上，因为时间有限，得能分得清主次先后，关键时刻先捞干的。

二

废话多的人，除了逻辑不好，还有一种是表达欲过剩。

几年前，我认识一位叫T的女士。因为有旺盛的精力和大把的空闲，她对谁都可以津津有味地唠叨半天，话题寡淡无味，全都散发着隔夜的面汤味儿。当她一如既往地凑近我，鼻息咻咻，抽丝剥茧地从她三代以外的远亲开始说起，我都得当心地管理表情。

彼时面子还软，每次都打起精神敷衍。在她的聒噪里时间噌噌地过去了，我愣是不敢打断。她过足了话瘾后，我常常很郁闷：我为什么要容忍别人浪费我捉襟见肘的时间？败时间比败钱还糟糕，如果一定要败，也应该败在一个言之有物的人身上才是。

后来每次重温《大话西游》，看到星爷忍无可忍一棍子把唐僧抡倒在地，我都要阴暗地大喊一声："早这样多好！"

三

其实不限于没读过多少书的T，许多文化人也犯这个毛病，因为他们太好为人师。

曾经瞠目结舌地看着某些高人在饭桌上滔滔不绝，一桌子人都投杯停箸洗耳恭听，好好一场朋友聚会成了一场个人演讲。他们的逻辑当然没问题，坏就坏在逻辑太好了，为了透彻解析自己的观点，明明一句话能说完的，非要远兜近转旁征博引，听得人烦不胜烦。真心想借用刘瑜的一句话送给他们："其实，在北京从朝阳区到海淀区，是可以不绕道阿尔卑斯山的，坐地铁10号线就行。"

而且吧，他们还特别喜欢开导人，但是又根本没耐心设身处地体会别人的困境，用自己的过来人经验推己及人，一味喋喋不休，居高临下地指导甚而教训，以善意的名义给脆弱的对方制造二次内伤。

废话太多，表达欲虽被满足，自己是舒服了，但消耗的是听者的能量，这是很不厚道的。

四

人在江湖漂，嘴是行路脚。说话是一门技能，能不能成为说话高手要看悟性和天分，但至少先别成为一个因为废话多而令人讨厌的人。

逻辑不好的，可以自我训练。陈述一件事，不妨试着用“倒金字塔”方式，先说最主要的内容，如果有时间，可以接着说次主要的、次要的，对方还有兴趣接着听，不妨再加上细节与花边。好好说话，又不是讲段子，即使想抖包袱，皮儿也别太厚。

表达欲过剩的，有两条路子。

一条是节能减排。嘴巴打开的同时，不要关上耳朵和眼睛，要察言观色。耳朵用来倾听谈话对象的思路和兴趣点，就不会一意孤行越说越远了；眼睛用来看，一旦发现对方眼神涣散笑容敷衍，就提示人家已经心不在焉了，快别嘚嘚了，适可而止吧。

另一条是建立专用通道。找个和自己兴趣相仿有共鸣的朋友，把那些“不要紧的散话、歪话”都说给他（她）听，他（她）不会笑话你烦你，反而会津津有味地参与。

我曾经在盛夏午休时间，驱车赶往城外闺蜜W的住处，说：“我有一大堆精神垃圾，要给你倾倒。”她说：“可我觉得，你那垃圾里全是宝。”W也可以随时随地骚扰我：“忙不？唠两毛钱的。”接着发个两毛钱的红包过来，换一段无主题的漫谈时光。啊，今夕何夕，夜短话长，有一个能说废话的朋友真是千金不换。

五

你说什么样的话，你就是什么样的人。

蔡康永说：“如果，我们练习，把我们相信的事和我们说的话尽量变成一体，那我们比较可能因为说话谨慎，而成为一个谨慎的人；或者因为注意说话的品位，而成为有品位的人；或者，因为训练自己好好倾听，而终于变成一个善于站在别人的立场想事情的人。”

不说废话的人，应该是自律的人。

不说废话，就意味着不滥用说话机会，浪费他人时间；意味着尊重他人、不在他人的灵魂入口处大声喧哗；意味着不说则已，一开口必是经过深思熟虑，是实打实浓缩的精华。

根据能量守恒定律，许多废话少的人，多把力气用在了实干上，成为“敏于事而慎于言”的楷模。反过来说，多少麻烦不是因逞一时口舌之快而起？所以王阳明才说，话到快时能忍住的人都有“大勇”，因为他们具备强有力的自我掌控力。

六

更何况，生命并不长，平均换算下来每人在这世上逗留的时光只有九百个月，多珍贵啊。把废话清空，用腾出来的时间去学习和充电、思考与观察、突破与提升吧。实在无事可做，四十五度角仰望天空也行啊，天空蓝如此紧缺，抓紧欣赏，今天有，明天就不一定了。

坚持一段，你会发现：废话越少，就越自由。克服了口舌惯性而富余出来的时间与空间，就如同国画里的留白，让生活整体疏密有致，浓淡相宜。留白不白给，一样要按尺算钱；而我们的收获，便是这精简清理过的人生。

所谓珍惜，就是物尽其用

一

我老家的房子有九十多平方米，不算大，格局也不算好，客厅偏小，餐厅偏大，厨房设在南边，夏天阳光毒辣，每做一次饭就像洗一次桑拿。

但这个房子好像有魔力，不管什么时候，只要一打开门，总觉得眼前一亮，说不出的清爽宜人，在里面住几天，就能吸到饱饱的能量。

房子是顶层，采光毋庸置疑的好，这是其一。

其二，干净整洁。我妈总是把地板拖得光洁可鉴，让人一见精神一振；按照老式山西人的传统习惯，她总是把床单抻得平平展展，再用床刷子刷得没有一丝皱褶，这样的床铺不要说睡，单看，心里就十分熨帖。

地板和床太重要了。如果说房间是一个家庭的脸面，地板和床铺就是这张脸的皮肤底子。底子透亮光洁，再平庸的五官也会有几分光彩照人。

我开开心心帮我妈拖了回地，扫了回床，发现拖地扫床的过程其实也是一个内心疗愈的过程。特别是拖地，当心里有不开心的事，集中精力拖完地，看看光洁的地面，就好像把烦心事也抹得干干净净似的。

环境是内心的映照，当身处一个干净整洁的环境，人的内心平静愉悦，脑电波更不容易被干扰。

除了这些，还有最最最重要的一点，就是不囤物。

二

家里四壁光洁，墙刷得雪白。我妈不轻易往墙上多挂东西，客厅里墙上的大电子钟，餐厅墙上三米长的镜框国画，七八年了，从没换过。壁挂电视的上方贴了一张羊年大剪纸，现在都鸡年了，我妈喜欢就一直贴着。

家具不多，刚刚够用。电器该有的都有，电视备了两台，客厅、卧室各一。其他的绝不多余。

客厅里只有一盆绿植，打理得郁郁葱葱，叶子墨绿油亮，让人不敢无视它的存在。

但凡有了点年纪的人，家里不免会有一些积存的旧物，但我妈不是，家里没有一样多余的东西。需要再买，买就买能用得住的，钱不够宁可不买，也不退而求其次。这样一来，家里的每一件东西都是自己喜欢的，用心维护开心使用，反而提高了物品的使用率。

东西少，打扫起来就很方便，又省去许多心力。

在这样的家里，空气是新鲜流通的，不会因为塞满了各种旧物，散发出陈旧累赘的气息。

视觉上更是简洁通透，眼光所到之处不会因为杂物太多而心烦意乱。

我妈晚上睡觉没有拉窗帘的习惯，但我在这样的房子里睡觉从不失眠，睡得很沉。

我觉得跟房子里的流动的正能量有很大关系。

三

即使是看不到的地方，我妈也不会塞得满坑满谷。

洗脸台上的护肤品，她成套用，用完再备，用着不适宜的，有一款珍珠霜，她觉得太白了，便送给了我抹脚。不像我，用不完的瓶瓶罐罐一大堆，还在不停“剁手”。

她的衣柜里永远是半满，一目了然。

买衣服她只买自己喜欢的，和阿姨们逛街买衣服，阿姨们免不了会扎堆砍价，集体人手一件，我妈很少这样。

衣服也只穿自己喜欢的。旧了不喜欢的，马上打包处理。前段时间我给她买了件蛮贵的外套，她试穿了一下，觉得和自己的身材不搭，连吊牌都没摘就给我送回来了。十几年前的一条旧丝巾，她喜欢就经常拿出来系。我和弟弟一人送了她一条羊绒围巾，她立马转手送了我小姨一条，说自己一条就够系了。

去年给她买了一双凉鞋，她很喜欢，今年还穿着。每天擦洗得干干净净再穿，即便是旧鞋，也穿得体体面面。

邻居阿姨总觉得没衣服穿，于是总不停地买衣服，但又不舍得买好的，买回来穿两天就不喜欢了，又不舍得扔，只好囤着。其实她买三件衣服的钱，早够买一件好的了。她一直觉得自己挺会过日子，其实是浪费而不自知。除了浪费钱，还造成了更多的心理内耗。

人生太短了，每一天过去了就不会回来，哪一天都不应该穿自己不喜欢的衣服来打发。

读《张家旧事》，张允和回忆父亲吃饭时发现饭碗上有小豁口，就会不动声色地用大拇指按住，吃完饭，将碗平移到桌边让它自由落体，用人忙不迭地上前接，只有她母亲用赞许的目光看向父亲。

我把这一段读给我妈听，我妈说："我也不用有豁口的碗。"她说她小时候，家里人用的东西都尽量牢靠讲究，用这样的东西反而会加倍珍惜。

即使经历了不言自喻的坎坷，被从原来的阶层拖下来爆踩过，骨子里的东西还是很难磨灭。野火烧不尽那打小儿熏陶出的精致，春风一起，她又恢复了埋藏已久的审美力。

想想也对，"美食需用美器"，如果经济条件允许，尽量不要潦草打发。一天要吃三顿饭，一年就是一千多顿，一辈子是多少顿？犯不上因为凑合一个破碗，让自己顿顿吃饭的心情打折扣。

我妈不言传，但身教：用物，要少而精。

四

曾经有一本风靡热销的整理书叫《怦然心动的人生整理魔法》，是日本人近藤麻理惠写的。

这本书的大部分内容基本上都在教人扔东西。“扔掉无用的东西是替房子排毒，房子也会替我们排毒”。这话我信，房子是我们内心和身体的写照，它轻松愉悦，我们才可能身心健康快乐。

在扔的过程中，你会发现，其实根本不需要这么多东西。我们囤物，很大程度上是一份不安全感在作祟。

现在，问一下自己：

是对自己的能力有多不自信，才要这样像老鼠似的囤物?

也许是童年时的物质匮乏感还在，所以误以为囤物就是惜物。

但成长和进步就是要不断从旧的观念区走出，不断优化进阶，让生活越来越美好才对不是吗?

法顶禅师在《山中花开》里写过一句话，深深地击中过我：

“拥有一个的时候，不要企图拥有两个。怕穷的心态本身就是一种穷。”

所以，物质过多会被物质所累，以为自己拥有了很多物质，反而有可能是被物质绑架挟持了。物质应该为我们所用，我们对它们有使用权、选择权、丢弃权。用它们的时候，用感性好好对待；不用它们的时候，用理性果断舍弃，不用让它们替我们承载太多的东西。

我们将它们积压得久了，又不使用，据说会让它们生出怨气，来扰乱我们的身心，影响我们的生活。目光所到、触手可及之处，如果处处是杂物、旧物、无用之物，该用的东西却总找不到，这就说明生活已经被物囚禁了。

真正的惜物，就是不囤物。只留下自己真正需要和喜欢的，开开心心地使用它们，让它们发挥自己最大的价值。这就叫物尽其用。

有一种优雅叫“没门儿”

和朋友A吃饭，她说：“你没有注意吗？每当你说起文字、电影、梦想和生活，你满脸微笑，我觉得你特别美特别阳光特别优雅，但是当你偶尔说起你讨厌的人和事，你的表情会变得有点凌厉。”

她接着又说：“你就不能时时保持住最美的那种表情吗？”

臣妾做不到啊。我当然向往那种时时优雅的状态，但是在没有抵达那种境界之前，我在朋友面前不想假装。而且，我并不为此感到羞愧。

有一次我和A一块打出租车。司机自己走错了路，却抱怨我们一开始没说清楚，A不辩解还一直打圆场。结果司机没完没了，我见状干脆地对他说：“师傅，错就错了，我们都没抱怨啥，你抱怨个什么劲儿？现在绕路回去就对了，又不会少你钱。”一句话就把他造没电了，一路清净。下车的时候，他自觉少收了两块。

A说她后来一直在反思，为什么她也很生气，却不敢这么硬气地跟人家说话。

A姑娘从小到大顺风顺水，被保护得很好。她现在热衷于做类似灵修的事情，认为人有负面情绪只有一个原因，是自己的修为不够，哪怕明明是被欺负了。

事情真的是这样吗？

我有一个初中女同学，她当年做过一件很轰动的事，就是赶在一家人娶媳妇时登门要账。主家觉得既没面子又太晦气，于是责骂轰赶，她就是不走，横眉怒目以一敌百。眼看着新娘子就进门了，主家没办法，赶紧从现收的份子钱里把欠她家的钱取出来给了她。围观者都说："这谁家的小姑娘？长大了还了得？"

公司里有个不以"我这么英俊潇洒"开场就不会说话的"幽默"男同事。一次，遇到一位喜欢借酒闹事的前辈喝多了，闯进了他的"香闺"，他眼睛眨都不眨，就薅住对方脖领子，直接把他掼到门外去了。

这两个人一点都不优雅、不绅士、不和风细雨，简直全都是反面教材，因为处理事情的姿态都太难看了。

可是，这些事情就像光盘一样，除了A面还有B面呢。

欠钱的那家人其实是女同学父亲的生前好友，当年借了钱之后，一直到她父亲去世都赖着不给。她母亲一人拉扯他们兄妹三人，十分窘迫，为了讨债她从小就跟着母亲不知怯生生地登过多少次门，看过多少次这家人的冷脸，却年年讨要无果。这一年，母亲卧病在床，等着钱治病，开学了她和弟弟的学费、生活费仍无着落，家里连下锅的米都没了。她是心一横，攥着拳头浑身发抖直奔那家人去的。

而那“潇洒哥”曾经给我讲过一件童年小事：那年他只有五六岁，自告奋勇要替家里出去买早点。他端着小锅乖乖地排队，好不容易排到摊前的时候，因为个子太小老板隔着桌子看不到他，后面人就把他撵一边去，他只好跑到队伍后面再排一次，临到桌前又被挤开。如此反复排了 N 次，旁边有人替他说了句话后他才买到。小男孩端着那一小锅豆腐脑一路哭着回去，整整一天都没说话，用他的话说就是“从此性情大变”。

虽已时隔多年，他跟我讲起这件事时，声音仍然止不住地发抖，我不敢看他的眼睛，抽了一张纸巾丢过去。

“你是怎么个性情大变法儿呢？”我问。

之后不久的一天，他跟姐姐一起坐公交车，两个孩子很自觉地买了票。小姐姐靠着他睡着了。下一站有人上来，售票员指着他俩说：“小孩起来！给人让个座。”而那位新乘客，果真就站在他座位旁边等着。他小心翼翼把姐姐扶起来靠在车窗上，自己则爬到座位上站起来，站得和大人一般高，大声说：“凭啥让我让座？我俩没给你买票？”一车的人都笑了。那个乘客说：“算了算了，让这小子坐着吧！”

也正是这件事，让他获取了第一份珍贵的人生经验：面对无理要求，要果决干脆地回击，不让自己受不该受的委屈。

三毛写过一篇文章叫《西风不识相》，写她走过很多个国家见过很多人吃过很多次亏后的感受：“这个世界上，有教养的人，在没有相同教养的社会里，反而得不着尊重。一个横蛮的人，反而可以建立威信，这真是黑白颠倒的怪现象。”于是决定不再遵循父母“吃亏是福”的叮咛，而是化作一只弄风白额大虎，变成跳涧金睛猛兽，专咬那些没教养的家伙。

所以说，像A那种一遇到恶意就习惯先自省自察的人，是“虎狼屯于阶陛，尚谈因果”，一定是伪鸡汤喝多了，不自觉地给自己的逃避和懦弱贴了金。

不是所有的人都心地纯良。这社会鱼龙混杂，我们行走其间，眼前有时候是优美文艺的旅游风光片，有时候是遵循丛林法则的《动物世界》。要学会左手拿糖右手握棒，遇到好人发颗糖糖，遇到寻衅的恶人一顿猛敲。剑拔弩张甚至交手时的姿态当然不可能好看，但打碎牙齿和血吞的优雅我们宁可不要——实际上那不叫优雅，叫软弱。

不受没来由的窝囊气，敢为自己说话争取，逼急了和人拍桌子翻脸，摔书本吵架，但这并不能否定你是个好姑娘。

林志玲，说她优雅应该没人会反对吧，永远笑靥如花，轻声细语，不吐恶言，和比自己矮的人握手时会半蹲双膝。但在《花样姐姐》里，在异国遭逢无良司机敲竹杠时，一直站在李治廷背后的林志玲也会挺身而出，口气坚决地说：“没门儿！”

这一嗓门真叫人刮目相看，谁说优雅女人只能当花瓶？她该是既能柔情似水，也能披挂上阵，面对摆明了的不善与欺侮，那中气十足的一声“没门儿”是另一种更高层面上的优雅。

止损设定低一些，人生损失小一些

一

这个段子是听来的。

师姐的女同学，新婚之夜被醉酒的新郎打了。酒醒之后，新郎痛哭流涕地向新娘道歉，说自己喝多了犯糊涂，以后一定不会了……新娘思前想后，原谅了他，两人和好如初。

没多久，男人又喝多，半开玩笑地用拳头轻轻捶她一下，也就一下，这位姐姐二话没说，直接去厨房拎了把菜刀出来："你再动我一下试试？"

我当时惊着了："男人虽然可恶，但这新娘也太生猛了吧？"

师姐笑了："你，很傻很天真。"

他们后来呢？

后来？师姐笑了："男的再也没有酒后动过手，喝再多都没失态过。他们一直都很恩爱，可恩爱了。"

这个故事超出了我当时的认知。我无法理解这两人在婚姻里的状况，这世上还有恩爱的婚姻需刀兵相向来维持的，奇葩，太奇葩！

后来看了许多家暴案例，无一不是这样的规律：

家暴，一方追悔莫及道歉，一方原谅——家暴，一方道歉，一方原谅——再家暴，再道歉，再原谅……

周而复始，往而循环，成为一个走不出去的莫比乌斯环，到最后结局无不血腥惨烈：除了婚姻解体，还有的锒铛入狱，甚至家破人亡。

再回头想想那位姐姐的做法，从根本上讲是对的。战术上尚待推敲，战略上英明果断。

这世界不是非黑即白，灰色地带永远存在。她第一时间亮出了自己凛然不可侵犯的底线，用一把菜刀决绝地剁掉了他人性中刚刚萌芽的恶，将这个她还爱着的男人从灰色地带拽回光明处，没有任其堕入罪恶黑暗，同时也保护了自己的人身安全。把正了婚姻的方向，没有任其一路走偏成为悲剧。

尽管，以暴制暴，从理论上并不可取。

二

我刚上班第一年，被“发配”到医院所属的卫生所见习。卫生所在一个偏远小山城，没有人愿意去，只好委屈刚毕业的小朋友们轮岗。

那段日子很闲，也很寂寞，因此，单位内部三五个人的相处显得尤为重要。处好了就是相依为命的一家人，但凡有个把人处不好，就显得小集体有点分崩离析。

我不幸摊上后一种。

所里两位前辈势如水火，基本上不打照面，好在有轮班，总是你来我走。偶尔两人同在，气氛就不太对。后来，对他们的事略有耳闻，才知矛盾根源在一把象征权力的钥匙上。

甲是领导，一开始把这权利交给了乙，后来因故收回，冷战由此开始。

我就不八卦中间因果了，只是甲曾私下说过一段话，让我记忆深刻。大意是："一旦发现下属有问题，要第一时间沟通，不能碍于面子姑息而奢望别人自省。不然，工作上的问题攒大了，处理起来伤筋动骨，会变成个人恩怨。"

他的话我记在了心里。后来我自己也做管理，遇事也曾心软过，但发现问题尽快着手解决，方式可能因人而异，但本质一样，就是要防患于未然，"疾在腠理"时最好治。

管理者不能面子太软。《红楼梦》里，尤氏是出名的"贤良"，李纨人送外号"大菩萨"，她们屋里的人业务不精到连伺候主子洗脸都不会，还得当着客人的面现教；王熙凤号称"脸酸心硬"，去宁国府打理秦可卿后事，头一个迟到的先赏了二十板子，别人一看，都"不敢偷闲，自此兢兢业业，执事保全"。丧礼才办得风风光光，保住了贾府颜面。

这种不姑息的做法从长远来看对谁都好，当然更值提倡。除非你另有图谋，先让对方作死，攒一票大的，好师出有名地干掉人家。

三

朋友S告诉我，她和某某决裂了，原因是她受够了后者积年来对她习惯性的调侃蔑视。

她曾向我诉苦，说某某总是有意无意嘲讽她，甚至还给她起了个有侮辱性的外号，她也不是没抗议过，但对方说这称呼是昵称，表示宠爱。

她是个特善良敦厚的人，每次在我这儿郁闷完后，就长出一口气说："算了，我忍忍吧，毕竟这么多年的情分在那儿。"

但忍是"心字头上一把刀"，终于有忍不下去的一天，友谊的小船至此说翻就翻。外人都奇怪："你俩不一直挺好嘛！不就是一句玩笑吗？"可是，那句貌似玩笑的讥讽恰是压倒骆驼的最后一根稻草，之前她心中积压的愤懑实在太厚了。

不止S，很多人都这样被所谓的朋友屡屡伤害，心重的人好多天都缓不过来，憋成内伤。

我的闺蜜X，时常在聊天时忽然闪回，控诉某人对她居高临下的态度。我也不好表态，恐有挑拨之嫌。一次终于忍不住开了句玩笑："你这反射弧也太长了，这都多长时间的事了。"她说："我当时没反应，还不是怕翻脸不好看。"可惜人的承受度终归有限，这种"翻不起脸"最后往往演变成"彻底翻脸"。

换个角度想，那种不顾你的感受一味任性对你的人，他们真的拿你当朋友了吗？委屈终不能求全。

"己所不欲，勿施于人。"是文明社会最基本的交往准则。

当下生活节奏之快和压力之大，已让我们自顾不暇，实在不允许也没必要去额外负担他人强加给我们的不愉快；反过来说，我们也没权力随便给别人添堵，还苛求别人宽容担待。

同样受过此类困扰的已故作家三毛，在总结一堆自己的窝囊经历后，痛心疾首地说了句金玉良言："是我先做了不抵抗的城市，外人才能长驱直入啊！"

如果第一次被冒犯，你就用自己的方式发出正式声明：此路不通。别人想必也会识趣地收敛吧？何必走到两败俱伤这步。在一场决裂关系的两端，即便你站在正义一方又如何？对方是有错在先，但是你又何尝不是用忍耐在推波助澜？

从博弈角度看，你除了经营失败外，还付出了沉没成本——曾经平白受过对方那么多气。你说，你这是图个毛哇？

四

我有俩哥们，据说初次相遇是在牌桌上，A 一上来就要赖，B 见状把牌一拢，一撂："我不玩了。"闹个大红脸。

结果呢？很奇怪，A 从此跟 B 一直很客气，他们后来成了生意伙伴，合作得居然很愉快，都挺讲规矩。

你看，有时候就是这样，你有自尊别人才尊重你，从此会少很多纠结和麻烦。而你们的关系，也许会因为对方的修正而实现良性发展，磨合好了前景一片光明。退一步讲，即使做不成朋友，顶多敬而远之，也不用升级到翻脸的地步。

我在跆拳道馆，曾见两个年龄相仿的小朋友，练习时一个对另一个恶语相向还动作变大，教练立即上前制止并严斥。中途休息喝水，教练安抚受了委屈的小男孩，问他怎么想，小男孩说："这是第一次我先忍了，如果他下次还这样，我就正式警告他。"说完，他眼光炯炯地等着教练表扬。在一旁递水的他的妈妈说："这一次不要忍，就不需要有下一次了。记住了吗？"

希望我们都记住："第一次就不要忍，就不需要有下一次。"这句话的确与我们从小所接受的"宽容礼让"的教育不合辙，但你会慢慢发现，对一个体面人来讲，它放在任何领域任何层面，不管是职场还是家庭，友情还是婚姻或其他人际交往，几乎全部适用，生活会因之变得清爽利落。

如果觉得这句话戾气太重，那不妨换个洋气点的说法：止损点设定得低一些，人生的损失就小一些。

当然，不提倡忍耐不代表一定要睚眦必报，一定有破坏而无建设。至于如何把握回应的尺度和技巧，尽量不伤和气与大局，那将是另外一个话题。

你活得不痛快，也许只是因为太乖

一

我和女友羽相约第二天下午喝茶，她到时候开车来接我。

到了第二天下午，大约三点左右，她还没来。

我想打电话问她到哪了？又怕这样一问好像是催人家似的。

于是我换了个说法：亲爱的，你今天下午还过来吗？

她说：我开车送个人，一会儿过去接你。

我一听人家一个电视台工作的大忙人，哪像我一个“死宅”没事做，还得惦记着赴我的约，我这边反正也没什么急事，就别占用人家的时间了。

我怕她不好说出口，于是主动说：如果你太忙，今天就不用过来了，我正好补补觉。

她一听，马上说：好的好的，你先休息。

我如释重负，终于不用给人添麻烦了。

过了一会儿，我们的小群里有人问我忙什么，我说打扫屋子洗衣服啊。

羽马上给我发微信：你起来了，我接你去吧？

我说：你在哪儿呢？

她发了个位置，已经在十公里开外了。

我说快不用了，都跑那么远了，不用再回来，累哼哼的。

她没再理我，过了一会儿，她打电话说：下来吧，我在你家小区外面！

一上车，我就说：你不是正忙吗？怎么还跑过来。

她说：你说你有点累了，我才走的。其实你刚才打电话时我已经在你家附近了。

一时之间竟有点尴尬，为我这多此一举的自觉。明明可以早点解决的，凭空让人多跑了二十公里路，外加浪费一小时。

羽咬着指头沉默了几秒，说：你知道吗？你就是太乖了。

二

从小，我就是个懂事的乖孩子。

我们家里来了客人，小孩子是不被允许上桌的，我们要自动回避。四五岁那年，和我弟在我二姨家住，二姨家来了客人，做了满满一桌子菜。我看了看，按老规矩，拉着我弟弟往外走："咱们到外面玩去。"浑然忘了自己也是小客人。等客人吃完饭走了，我们才回来。这事我自己不记得，被亲戚们津津乐道了很多年。

这当然和我的家教有关。我姥姥家祖上有一点来历，你明白的，暴风雨来临，被雷劈的总是大树。虽然时移世易，但"金盆打了，分量还在”，根植在 DNA 里的大家族规矩却一代代在血液里留存沉淀了下来，不知道要经过多少代的稀释才能完全看不见。

从小到大，我耳朵里灌的都是这些话：

“能不给别人添麻烦就别添，自己能做的事自己尽量做。”

“要懂事要体面，不能让人笑话不识眼色。”

最不能理解的是这句：“出去吃饭，别人放筷子你也放筷子，吃不饱回家再吃。”

我问：“妈，这是为什么？”

“没有为什么，我们小的时候你姥姥就是这么教的。”

……

别人都夸我们教养好，懂礼貌。优雅的谈吐，得体的待人接物可以习得，可是，当年我的妈妈们曾经拥有过的相对富足的生活却没有配置齐全，成了如今我爸嘴里的“穷讲究”。直接后果是我成了妈妈的 1.0 版低阶产品，因为她们不稀罕的我根本没见过，稀罕了也不敢说要。

也许从那时候起，我的潜意识里被植入了这样一种暗示，那就是“我不配拥有好的东西。”幼时大桌上的美味佳肴，和今天朋友专程为我花时间跑的路，本质上一样，都是我不配拥有的重视与爱。

长大后的我，对那些敢于说“我要”敢于表现争抢的人，既妒忌又不以为然。妒忌是因为自己做不来，不以为然是觉得他们的姿态不好看。

到今天，我在碌碌小半生之后，经历了一些事，也渐渐明白了一件事：乖孩子一定会得到表扬，而不乖的孩子则可能得到全世界。

我不知道有多少人和我一样，在家长严厉的管教下长大，脑子里被灌输了许多做人的道理，没有一点敢被人讨厌的勇气，不敢越雷池半步，只敢规规矩矩成长，即使内心叛逆，表面上也一派温顺。最后，这样的孩子多少都有一点拧巴。

这拧巴，就是本我、自我与超我“三个我”之间的不统一、不相容、不接纳，就像开了一辆特别的车，开左转向灯的时候，方向盘会不由自主朝右打。这让开车的人，天长日久，内心怎么能不疙疙瘩瘩呢？

三

当然，平心而论，我们乖孩子也有乖孩子的优势。

首先，自己不具有攻击性，不会惹来不必要的麻烦。但就像食草动物会迅速闻到附近食肉动物的气味一样，一遇到心术不正、攻击性强的主儿，超高的敏感警觉性，令我们会预见到未来的麻烦，可以第一时间闪离，省得将来更糟心，“君子不立危墙之下”。

其次不招人烦。与人相处，在友好的氛围下，永远有清晰的边界感，不会提过分的要求，令对方难做。有共情能力，体贴地觉察别人的情绪而提供帮助。因为和我们相处不累，所以朋友们会喜欢我们，有好事儿也愿意想着你带着你玩。

第三，因为圆融与谦让，聪明人会看到你的聪明，厚道人会看到你的厚道，而与你有着相同成长背景的人，会第一时间把你从人群中分离出来，就像吸血鬼会天然辨认同类一样，与你心照不宣结为不离不弃的同盟知己。即便旁人想存心挑拨也很难瓦解，因为他们根本不懂我们这种人之间的惺惺相惜：“于千万人之中见到你，原来你也在这里”的喜极而泣，和生活中细枝末节上的心有灵犀。

归根结底，做乖孩子还是有很多福利的，凡事都有两面性。我们要做的，就是在余生里不断进阶，有意识地让自己更开放、更大胆，因为只有明确说出自己的诉求，才能被别人听到看到记到。

父母、老师、社会教给我们的东西，本质上是让我们成为一个更好的社会化的人，当这一切成型以后，我们要做自己的老师，及时发现自己内心的不舒展，追溯成因，分析来路，找到问题症结所在，然后，自己开始矫正和疗愈，成为一个更好、更强、更幸福和更自由的人，再“生”自己一次。

四

我现在越来越欣赏那些直接的朋友，比如我朋友 Y，她问我新书出来了吗？我说：“嗯，本来是想等正式上架以后顺便请大家聚个会吃个饭的，你要是急着想要样书我先给你拿一本。”没想到她直接回我说：“那我还是等着吧，怕拿了样书你就不请我吃饭了！”逗得我笑了很久。

另一个朋友七七，她有个同事想请我去做一场讲座，我还没说话，她马上问：“你给我们百合多少授课费？告诉你我是她的经纪人。”

我心想这都是江湖儿女的做派啊，怪不得人家能驰骋江湖，那么有出息。

前两天，约两个朋友吃饭，我还没到的时候，收到其中一个的微信：“吃辣的吗？”搁以往，我会下意识地回：“可以，我吃什么都行。”但是那一次，我竟然很直接地回：“不吃，嗓子疼，咽炎。”

天哪，知道吗？这一句话七个字，是我固化思维的一次“破壁”。

那天路上堵车，等到了饭店后，我发现他们很贴心地给我点了一盅梨汤。

我用汤匙舀了，抿了小小一口，很润很甜，嗓子也变得很舒服，嗯，是的，这是人世对我开始变不乖后的甜蜜奖励。

你要学着自私一点

我拖着一只大箱子进了地铁，怕堵门，往里面走去。一个穿着体面的中年男人，侧身给我让出通道，我连忙道谢，他向我微笑致意。

我注意到，他的手里还提了一只塑料袋，袋身上印着字：海军医院。里面装着的应该是影像片子。

他可能刚从医院出来，刚给什么人看完病。他一手抓着吊环，微微地闭起了眼睛。

就在这时，车门附近的一个邋遢女人向他走过来，畏畏缩缩用手里的花雨伞轻轻拍他胳膊，好像是有什么话要和他说。

但是那男人就是闭着眼睛不理不睬，腰杆挺直，表情冷漠，眉梢嘴角都写着嫌弃鄙夷。

女人嘟囔了句脏话，尴尬走回去，一把抱着地铁竖杆颓然靠上去，眼里瞬间糊上了眼泪，表情悲愤，委屈、窝囊又无可奈何。这时候我赫然看到，她的脖子中间贴着纱布敷料，看样子是刚做完手术，甲状腺部位。

这应该是一对夫妻，妻子做完手术刚出院，丈夫对她很不耐烦。

我不知道他们之前发生了什么，明知道轻易断言“这男的过分了”太过武断，但我心里还是站女方。因为，作为同性，最看不得男人对自己女人那副高高在上的嘴脸，特别是对一个术后尚未痊愈的女人。

这是一个无助的妻子。她穿着落伍，面容憔悴，站在她光鲜的丈夫两米开外，像一幅褪色的年画，非常不般配。

下车以后我难过了很久。我看到了一个经济不独立的女人的生活困境。

她的穿着、样貌和气质，无一不在展示着一件事：不管在物质上，还是精神上，她长年累月地没有被善待。

这是我们生活中常见到的一类妇人。也许她性情温顺，也许小家子气，也许隐忍也许嘴碎，品位不好，不懂享受。但她勤俭持家，含辛茹苦，不舍得吃不舍得穿，更不懂保养，她觉得自己配不上好点的生活，情愿把最好的留给老公和孩子，把自己吃苦视作理所应当。

最后，她生了病不能不治，别人给她治可是没好气。她明知道生病不是自己的错，但仍然理亏又憋屈。最后，变成一副苦兮兮的死样子，惹别人厌烦，自己也觉得自己多余。

真悲摧。

不管怎么说，女人还是要尽量自己挣点钱。这样花钱给自己投资，养生、美容、买新衣、看病的时候，不会有太多负罪感：老娘自己挣着钱呢，哪个敢说不应该？

其次，留多一半爱自己，少一半爱别人，中年以后把自己的身体当作头等大事来照顾，一来为了延年益寿，二来为了不给别人添麻烦加负担。

《延禧攻略》里，皇后对宫女说魏璎珞坏话，说她“谁都不爱，只爱自己，爱得如珠如宝”，多少年过去了，看人家的眼睛还黑白分明，反观自己的眼球却布满血丝，青丝变白发，皱纹爬上脸，越想越替自己不值。

宫女说魏璎珞那叫自私。

可是，你知道吗？自私也是一种天赋，如果先天禀赋不足，要懂得后天培养。

该放松就放松，凡事一肩扛，累坏了没人替。

该养生就养生，没病防病。

定期去体检，有小毛病了就小修，别攒成大问题。

最后，退一步，如果经济上不独立，但人格上你要尽量彪悍啊！这个彪悍就是你得理直气壮点，必须让家庭其他成员意识到：我虽然不直接挣钱，但家务劳动也是劳动，我理应得到和你们一样的待遇，至少不能差太多。

空间都是靠斗争博弈来的，“人善被人欺”这句话，放在两性关系里也一样适用。有时候想呢，与其做个隐忍无私的怨妇，还真不如做个凶悍自私的泼妇痛快。

我们从小都被父母师长教育不能自私，其实深层原因是：一个人如果太自私的话，会没朋友，社会融入度不好，极可能会不吃小亏吃大亏——本质上还是从利己角度出发的。当我们明白这个道理，就不会误把利他和无私当成美德，无节制地发扬光大。否则的话，不仅在两性关系中，在其他关系中也会被理所应当地压榨。

一个地铁上遇到的陌生女人，让我啰里吧唆发了这么多感慨。老少姑娘们，生活不好玩啊，且活且自私。

口舌上争高下这件事，成年人早都该戒了

一

前两天在一个《红楼》讲座上，讲到荷叶汤时，顺嘴提了一下汤里煮的小面食是用银模子印出来的，有个读者姐姐打断我，说：你记错了，印面点的不是银模子是金模子。

我明明记得是银模子没错啊。

我愣了一下，用商榷的口吻说："银的吧？"

但她肯定地说："金的金的。"

我只好笑："啊？难道我们看的版本不同吗？"

她说："不是不是，就是金的！"

不要说我对文本的记忆不会错，单从直觉上想，贾府也不大会用黄金做厨具，钟鸣鼎食之家赫赫扬扬已近百载，早都过了那个炫富的初级阶段，他们是贵族，不是暴发户，他家沙发上的靠枕都是半旧的。从实用角度，齁沉齁沉的金器，厨师用起来该多不趁手啊！

但万一，真的是版本有异呢？

我没有在这件事上纠缠，说：“好吧，等我回头查一下。”边接着继续下面的话题了。

讲座结束后，我和这位性格爽朗的姐姐相谈甚欢，于是两人决定拿出原著查证一下荷叶汤模具到底是哪种金属材料制成的。翻开书一看，银的。那一回的回目叫“白玉钏亲尝莲叶羹，黄金莺巧结梅花络”，她大概是被题目里的“黄金”二字误导了。我们哈哈一笑就过去了。

问题弄清楚就好，不需要太得意。我早过了和人争辩的年纪。

二

我的一个女朋友说：成年人谁还争论啊？

深以为然。

和人观点有分歧时，有证据就拿证据，别吵吵，事实胜于雄辩。

类似荷叶汤模具的争论还好解决，因为有证可循。其实有更多的分歧，没法证伪也没法证明，原本没有对错之争，只是人与人看待问题的观点不同而已。

我们需要坚持自己的观点，也尊重不同的声音。

最高级的分歧，就是和而不同。

有的人就是要在争辩中赢。一定要在语言上压人一头，既没风度，也暴露了自己的不成熟。你怎么就那么肯定自己一定是对的呢？也许用不了多久，就会被啪啪打脸，有点理性的人都会存几分审慎与自省。

我曾经在文章里说：“如果你不同意我的观点，我就誓死保护我不说话的权利。”相比较而言，如果我的观点有可操作性，我更愿意把时间和力气用在努力实现它这件事情上，特别是当别人对我说“你不懂”或“你不行”的时候。

真的，那些伤人的话，就像在我体内不起眼的软组织部位埋了一根刺，在弯腰或屈伸的瞬间冷不丁地疼到，让我日夜不宁。

我以为自己忘了，其实并没有。

所以我常常告诫自己：“恶语一句六月寒。”人要修口德。特别是对自己亲近的人尤其不要，因为即使对方说没事没事，但表面上再和顺，也会种下芥蒂。口善的人心重。正因为他们领教过语言的破坏和摧毁性，才“己所不欲勿施于人”。更不要狗眼看人低，别忘了三十年河东三十年河西，谁都有可能是潜力股。

我迄今记得有位前辈用嗤之以鼻的态度批评我“心太高，把自己累着”，我趁他打电话的时候走了出去。

那天我在朋友圈写下了这样一段话：

“我说：我不想吃鸡肋了，我打算自己养只鸡吃鸡腿。

他们说：你别不知足了，你以为鸡是那么好养的吗？就凭你还想吃鸡腿？有点自知之明吧！

我想我的首要任务是买只鸡蛋，啥也别说，先孵个二十一天再看。”

时至今日，我的一个个小梦想在逐一实现，推动力有一部分就来自那些语言的负能量。

在你没法用语言证明自己是对的的时候，用实际行动去证明吧！只有当你做到了，才能证明他们错了。

三

看综艺《我们是真正的朋友》，大小S处处要压阿雅一头，动不动就要损阿雅一通，大S甚至说出了“我们四个人里，你最不高级”这么欺负人的话，换谁都会不舒服吧，但阿雅依然好脾气地笑笑。这么多年，她已经习惯了被她们挤对。

然而阿雅并不是弱者。

用十年的时间，完成了自己优秀制片人的梦想，《奇遇人生》横空出世，掌声一片。今非昔比，她不再是曾经那个需要哗众取宠抢眼球的谐星，不再是那个因为没有给大S买到包子而紧张到要死的小跟班，不再是那个亦步亦趋跟在她们后面蹭资源和流量的可怜虫。

阿雅今日的成就，早已不在徐氏姐妹之下，但在她们面前，她依然很“低”，这是长期的相处模式造成的，但未必没有不忘本的厚道，和为人处世的智慧。

这样的女生，表面上退缩忍让，但是骨子里分明又有一种强大的力量，那是一种暗处使劲，攥紧拳头对自己说“你还不够好，所以仍要努力”的强韧。

阿雅，才是真正的狠角色。

最有姿态的回击是，让出逞一时之快的口舌上风，用实力团灭他们就好。

这样的方式注定会很虐，因为所有的力量都隐而不发地向内走，表面上却还要装作岁月静好。

但人生不过是倏忽之间的事，精力总要用在值得的地方。

面对小S无处不在的“挑衅”，阿雅无奈地笑着对小S说：“你什么都要比，比比比比比。”潜台词是：幼稚！

真的很奇怪，当你弱的时候，你不太敢和对方争；但当你真正强的时候，你又会懒得跟他们争。

“是以不争故天下莫能与之争”，毕竟，如果输了人生，就算赢了争论又如何？

要争就争气。

怎么和火气大的中年女人打交道？

一

有一则重庆公交车坠江事件的新闻，一辆公交车与私家车相撞后冲破护栏坠江，造成十三人死亡，两人失联。

黑匣子打捞上来了，视频将坠江原因大白天下：四十八岁的女乘客和四十二岁的男司机互殴造成的。起因是女乘客坐过了站，要求司机停车，司机拒绝。两人发生争吵，女乘客激动之下用手机击打司机头部，司机腾出一只手来还击，三秒之内公交车脱离了原有线路，冲到了马路对面……

十五条鲜活的生命瞬间被江水吞没，其中包括公交车司机。而那位打人女乘客也没能生还，假如她能生还，等待她的将是法律制裁与道德审判。当然那个和她互殴的司机也有不可推卸的责任。

网上有一条评论很扎眼：

> 这个年龄段的女人脾气特别爆，素质也不是特别好，

喜欢以自我为中心，见识也少，所以千万别惹。

我把这句话理解为：“这个年龄段女人里，爆脾气的比例大一些。”我没有相关调查数据做支撑，只能就个人在生活中的所见所闻为经验，来发表一下自己的观点：在公共场所，这个年龄段的女性发火概率的确要高一些。

一样的事情，换个年轻女生可能就不会有这么大的反应。

有一次，在厦门坐公交车，车到了一个站，司机问了一下有人下没，离门口有一段距离的一个年轻女孩子，说“我要下”，但她声音太小了，司机没听到，就直接开过去了。女生也不急，隔着挤挤挨挨的人群，耐心对着司机的方向，细声细气一声又一声地说着“下”，清喉嫩嗓娇滴滴，但音量还是太低。多亏前面一个男生绅士救美，对司机大喝一声：“有人要下车。”司机才停了车，秀气文弱的女生对那位替她喊停的男生道了谢，下去了。如果司机一直没听到往前开，大概她会乖乖等到下一站。

前两天我在杭州去上海的大巴上，也遇到类似的一件事。一个到嘉善的女孩坐过了站，当时天已经黑了。她抱怨司机没有及时提醒她，司机却说她上车的时候没说下车地点。全车的人似乎都预感到他们要吵一架了，但女孩只是噘着嘴用吴侬软语嘟囔了两句：“我明明说了的呀，这下可怎么好。”就乖乖坐下，给家里打电话说明情况。车继续前行，到了一个高速服务站停了下来，司机对女孩说：“我现在告诉你一个车牌号，还有电话号码，一会儿还有大巴车过来，你可以再坐回去。”一桩本来可能要大吵大闹的事情就这么平静解决了。

有时候，温和友善胜过激烈狂暴。

大街上偶尔会有自行车轻微相撞、没有大碍的事件发生，我观察过非常有趣的现象：两个年轻男女相撞，男生道歉，女生嗔怒，最后两个人多半会友好地道别，甚至互留电话互加微信；如果是两个中年男女相撞，那就热闹了，两个人则要怒目相向，唾沫四溅地理论一番，引来围观。

我们这个社会中的一些人和很多中老年女性，彼此都不会温柔相待。怜香惜玉这个词跟她们完全绝缘，她们也只好摆出一副粗鲁凶狠的样子来跟世界兵戈相见。

恶性循环之下，不知道是谁先对不起谁，就像不知道先有鸡还是先有蛋一样，这个问题根本无解。

我今天想探讨的是，为了自己的安全起见，怎样别像这位司机大哥一样，点燃她们心中的炸药包。

别给我论对错道理，我讲的是你的自保问题，这个层面上不接受反驳。

二

生活重压在身，生理也在走着下坡路的中老年女性，爆点特别低，很容易一点就着。

就拿重庆公交事件里的女乘客来说，她没法和前文说过的女孩们一样淡定，很可能家里有一地鸡毛等着她去收拾，她被多年来琐碎疲惫的生活磨损了最后一点耐心，生出了怨气和戾气，成了易燃易爆体质。

当大庭广众之下她们向你咆哮，对着你一蹦三尺高时，你即便有理，也千万别跟她们比谁的嗓门更大，比谁跳得更高。跟一个失去理智的人硬讲理，只能把自己和她们逼到一个战壕自相残杀。

讲我自己曾经在公交车上遇到的一件事。

那次我好端端地在靠过道的座位上坐着，忽然来了一位年龄介于大姐和阿姨之间的女性，她往我前面紧挨着一站，半条腿插到我腿前面，大屁股几乎贴着我的脸，公交车上人稀稀拉拉的并不多，我就提醒她往旁边站一点儿。

搁正常人，会意识到自己的失礼，说一声“不好意思”赶紧让开。结果，她对着我咆哮起来：“坐公交车就是这样，本来就要挤啊。你让我去哪儿？”一车的人都扭头看向我们，我连忙息事宁人地说：“好好好，你说得对，你说得对。”结果她更加不依不饶起来：“嫌挤你去打车啊，你打车就不用受这种委屈啦！”

一刹那，我站起来，对她说：“这样吧，我站起来，您坐下。”

我这样一说，她口气立即缓和下来，有点不好意思地带着点笑：“我不坐，我不坐。”

车一停她立即飞快地跳了下去，她提前下车了。问我怎么知道的？我后来又在这趟车上遇到过她很多次，她下车上车的地点都在后一站。

很明显，她意识到了自己的失态，羞耻心让她觉得没脸在车上待下去了。后来每次看到我，她的脸上都会浮出一丝羞赧。

我能厚颜无耻地说：我这也算教化了一个人吗？

还有一次，是我在医院机关职能科室上班的时候，接到一个女性的投诉电话，说自己医保卡上的钱数不对了，我告诉她可以帮她核查一下。她要我马上给她个说法，我解释说没有那么快，她就在电话里大骂我，我没办法把电话放到一边，过了半个小时一听，她还在骂，我看看时间该下班了，脑子不知怎么搭错了筋，就把电话给挂了。结果捅了马蜂窝。

第二天一大早，她闹到院长办公室来了。院长很严肃地把我叫到办公室时，她正气势汹汹地坐在那里兴师问罪，不问卡上的钱怎么不对了，重点变成了为什么要挂她电话。我灵机一动，没有道歉，只是上去，亲密地搂住了她肩膀往外走："走，帮你查一下你卡上的钱怎么回事。"我明显感觉到，她僵硬的身体立即变得柔软了，随之，她扑哧一声笑成了花。

院长后来对我说："这一看就是更年期女性，体内激素水平不稳造成的情绪失控。"我很后悔，我的那一个挂电话的动作，极有可能让她昨晚一夜都没睡好。

她那天离开时，对我说："我五十岁了，知道自己是更年期，脾气上来控制不了，你别介意，咱俩也算不打不相识了！"就乐呵呵地走了。

这些情绪化的"围绝经期"女性啊，她们所要的，不过是世界给予一点点温柔和耐心，别让她们觉得自己被嫌弃和被欺负，生出被迫害和敌对的妄想。

我不是美化她们，也不是妇人之仁，而是想告诉你，在每一个暴跳如雷的表象之下，可能深藏着一个受伤的灵魂，你不要轻易去招惹。这个灵魂具有巨大的负能量，一刹那会让人魔鬼附体，做出过激的、后果不堪设想的举动。

所以，就像我在《不要和大观园的婆子说话》那篇文章里曾刻薄地说的："对婆子们，识时务者都懂得敬而远之避其锋芒，如果躲不开，牢记五个字：温良恭俭让。聪明人不惹老女人。"这话，也算是给自己警醒，因为我也在一天天变老，别让自己有一天变成自己曾经讨厌的样子。

这不是怕，更不是㞞，而是让三分心平气和，退一步海阔天空，别忘了，你妈在等你回家吃饭。

我们跟三毛一样傻：万一他是真的呢？

一

秋日的杭州，满城的桂花香，我和女友相约在宋城北门见。

她远远地走过来，手里拿了两盒茶叶，一见面就秀给我看："我刚买的。"

"啊？"我哑然失笑，"人造景区门口买茶叶，你真有创意。"

一问价钱：十五块一盒。

见我抿着嘴笑，她连忙解释："你不知道，有个老太太，年龄足有七十多了，提着一大包茶叶，挨个向人兜售，都没有人搭理她，样子好可怜。我知道这茶叶肯定不好，但是我实在心软，就买了两盒，算是帮帮她。周围人看我的眼神就像看傻子一样。"

嗯，这种心情我懂的。

因为，这种事儿我也干过。

每年的四五月份是草莓的上市季，我每天下班后都要买一两斤新鲜草莓回去，洗干净，去蒂切片，拌白糖吃。

犹记得有一次在路边买草莓，紧挨着草莓摊的是个烂苹果摊。草莓的黄金季便是苹果的尴尬季，新苹果没下来，旧苹果味道口感开始跌入谷底，甚至开始腐烂。

小贩不得已把苹果腐坏部分用小刀挖掉，贱卖，但还是无人问津。摊主就坐在一大堆削挖得形状千奇百怪的苹果堆里，垂头丧气地看着隔壁草莓摊位上的火爆生意。

我走过去说：称点苹果。

他受宠若惊又惭愧地跳起来，问：你要多少？

那天，回家的路上，我接受了一路“注目礼”。迎面走来的人看到我都会一愣。落在他们眼里的，是一个穿着还算体面的女生，手里提了一大袋子奇形怪状的烂苹果，在人流里走得意气风发。

我看上去不大像一个吃不起囫囵苹果的人，所以那些目光里各种意味复杂。

无他，我们都是想帮帮人而已。

二

少女时代，看过三毛的一篇文章叫《温柔的夜》。

她写她在一个港口被一个流浪汉三番五次一路纠缠，就是想向她讨二百元钱买船票，可是船票钱明明是五百元一张。她十分厌恶，觉得这个人是骗子，甚至暗自生气：“我的脸上写了什么记号，会使得这些陌生人，要拿我，来试试他们的运气。”

尽管那个人喃喃不休地讲自己被骗后滞留此地的遭遇，三毛还是认定对方是骗子，最后一次拒绝后，看着对方绝望崩溃的表情，她动了恻隐之心：“两百块钱只是一杯汽水，一个牛肉饼的价钱，只是一双袜子，一管口红的价钱，而我，却在这区区的数目上坚持自己美名‘原则’的东西，不肯对一个可怜人伸出援手。”

她问自己：“万一，那个流浪的人说的都是真话，而我眼看他咫尺天涯地流落在这里，不肯帮他渡过海去，我的良知会平安吗？”

她下定决心，向那个人走过去，放了五百块在他的手心：去给自己买点东西吃，下次乞讨的时候，记住，船票是五百一张，不是二百。

那个可怜的人喊起来：我还有三百在身上啊！你看啊！

在船要开动的最后一秒，三毛看到那个流浪汉挥着一张船票，欣喜若狂地追过来。

她万分自责：老天爷，我怎么折磨了一个真正需要帮助的灵魂？

结尾是这样写的：“夜，像一张毯子，温柔地向我覆盖上来。”那一刻，她终于得以心安。

记得第一次看这篇文章的时候，是在一个初夏时分的晚自习上。教室里灯光亮堂堂，雪白的墙壁三面窗大开着，玻璃擦得亮闪闪，那天刚大扫除完，空气里有特有的土腥气，窗外有什么花朵的香气飘进来，四周是嗡嗡嗡的说话声。

我一口气看完那篇文章时，正好下课了。茫茫然抬起头来，觉得身边的人都离我好远，不知今夕何夕，只觉心中涨得满满的，各种情绪交织在一起。

那晚，我在日记里郑重写下：要帮助人，不要怕被骗。万一，他是真的呢？

三

曾经在路边看到一个神情落魄的年轻男子，他面前的地上，用粉笔写着：要一块钱，给家里打公用电话。我停下脚步，问他怎么回事。他说他是外地人，被同学骗进了传销窝点，三天前好不容易逃出来的。

我问他："那你这两天晚上住哪儿呢？"

他说："夏天了，可以去火车站前广场上睡一会儿。"

我想想也对，住不是什么问题。便说："我给你十块钱吧，你打完电话还可以买个饼子吃。"

路边服装店门口坐着女老板，她不以为然地说："每天这里这种人可多了，我一开始还给，后来发现大部分人都是骗子！"

走过去很久，眼前还浮现着老板娘看我的眼神，就像看傻子，让我自尊心很受伤害，几天过去了还耿耿于怀。讲给一个女友听，她安慰我说："一个有手有脚的年轻人，因为区区一块钱来骗人，图什么呢？不大像是骗子，真的是走投无路了。"

女友又说："别想这么多了，万一是真的呢？"

是，万一是真的呢？

其实，我们在意的，根本不是那一点无损于生活质量的小钱，而是别人投来的异样目光，除了怕被人欺骗愚弄外，谁愿意让人看成"自我感觉良好，但却智商堪忧"的傻子呢？这才是真正的心理成本所在，甚至，聪颖如三毛都不能免俗。

四

去年，我的公号后台接到一个求助信息，有粉丝说自己的外甥女得了急性脊髓炎，希望我能在公号上帮她募捐。我当时有顾虑，因为刚发生过“★★笑”事件，公号行业对募捐都很敏感。

可是看样子她是真的。

我对她说，我不能发公号，不如我在朋友圈里帮你筹款吧！

几个月后，她向我感谢，并给我发来一段视频：“这是我妹妹孩子的现状，病情得到控制，目前正在恢复中。”

视频里的孩子留着小平头，大概是用过激素的原因，脸还浮肿着，颤颤巍巍对着镜头艰难地挪出了一步，她嗓音浑浊地问给她录像的妈妈：“妈妈，我是不是越来越好了？”

我看了视频，除了说“真好”，就词穷了。

加油啊，坚强的好孩子！

今年六一，她又发来视频：“时隔一年了，孩子虽然还不能自由地走大步和奔跑，但已能自娱自乐地在家庆祝六一了！”视频里，孩子和去年判若两人，她长高了长结实了，头发长长了盘在脑后，是一个俊俏灵动的小姑娘，她满脸阳光，在有节律地踏步摆动身体，灵活了很多。

那一天，我由衷地开心，视频看了一遍又一遍，看一遍笑一次。

其实并没有为人家做多少，筹的款额也非常有限。但是，正是那每一个微小的“我”集结起来，给了这家人一点助力，更给了他们黑暗中的一点微光和信心。那种快乐是一毛不拔、袖手旁观的人们永远体会不到的。

所以，在举手之劳就能助人这件事上，不需要太多理性和思辨，更不需要太过精明与计较，凭着本能行事，以心安为标准来衡量做还是不做就好，其他的索性不去想，“但行好事，不问前程”。

女性所特有的细腻心软，会让我们特别容易“犯傻”，成为别人眼中的“傻女人”。其实我们这些“傻女人”吧，哪一个不是心存侥幸的明知故犯：“万一，这个需要帮助的人是真的呢？”换个角度看，这些被帮助者何尝不是引渡我们的人，是他们教会我们看清自己人性中的复杂阴暗，引我们走向更广阔光明、感恩美好的所在。

就像那位买茶叶的女友，她平日信佛，对我说：“凡是向我们求助的陌生人，极有可能是我们前世欠过人家的债。”圣经上也说：施比受有福。

如果是这样，我愿意做一个有债就还、有福就享的人。

那天在宋城买的茶叶因为价钱太低廉，她不好意思送我，自己拿了回去。作为一个略略喝过一些茶的人，我提醒她说：茶叶好不好，舌根最知道。

她自留一盒，另一盒第二天她拿给了我：“有惊喜哦。”

我冲泡了一杯。看到那些原本不起眼的墨色茶片，沸水冲下去，它们在透明的杯中无声回旋、舒展，还原成了它们在枝头的翠绿，一簇簇沉淀下去，静静泊在杯底。端起来呷一口，与那些细嫩的上等茶树芽相比，它是另外一种味道，不浮不重，香中带着苦，于我而言恰到好处。徐徐咽下去，舌根生津，口中泛起了甘甜。真好。

有多少人借弱小为名，欺负着我们

一

有位公号编辑来和我约稿子，把我拉进了她的作者群里，还好心给我私发了一篇他们公号发上的优秀文章，让我做参考。

我一看就笑了，这里面的许多句子看起来好亲切啊，都是我从我文章里挪过去的。

我当即把对比字句截图，发到了作者群里，说“这位作者出来聊聊？”

当然不会有回音，只有一个人忍不住说了句：“遇上原创作者，这下尴尬了。”群里人们都礼貌地保持缄默。

忙的只有编辑大大们，一个个来私信我，好声好气来道歉，其实也不能全怪他们。即使是编辑，也不可能阅尽天下文章，把所有抄文洗文者一网打尽，“只有千年做贼的，哪有千年防贼的？”他们又不是维权骑士。

编辑承诺：一定给我一个答复。

结果我等来的答复是这样的：这位作者刚生了宝宝，还在月子，可不可以私了？

类似这样的事情发生过不止一次。

之前还有一位常年靠洗我文章行走江湖的作者，我对她忍了又忍，她不加收敛愈演愈烈，仿佛找到了一条捷径。后来，她只要在群里发一篇新洗的文章，我就在后面紧跟着贴上我的原创，明眼人一看就能看出来这其中端倪。搁一般人，早心虚了，但这位心理素质不是一般的好，依旧故我。

更奇的是，有人私信我来说情：多担待吧，她离婚了，自己一个人带着孩子过，挺不容易的。

意即做这种事也是为生存所迫。

这些都是来打母亲牌的，孩子不再是女人的软肋，而成了女人的铠甲，仿佛一个女人一旦有了孩子，就天然有了做坏事的权利，可以凭借母亲这个身份减轻罪责。这样的逻辑让人苦笑不已。

只想问问这些已经做了母亲的人，你们这么做，你孩子授权给你了吗？

还有一次，抄我文章的是一个高一女生，作者介绍里说她是一个“天才少女”。好在那家编辑是我朋友，我一说他马上就核实，事实清楚，没啥可说的。但就在怎么处理时，一向对抄文洗文零容忍的他，却心软了。

他说：我有点下不了手，对方还是个孩子。

我想了想，说：嗯，将来可以长成另一个某某某。

这个某某某也是原文照抄我文章的一个人，被他发现后干净利落地删文、公开发文批评，并声明永不再启用其稿子。

现在，因为对方是个比他孩子大不了多少的孩子，他动了恻隐之心。

他反问我：那你说怎么办？

我说：正因为还是一个孩子，所以才不能放过。对于那些明知故犯的成年人，因为他们人生的底色已经脏污，没必要与之纠缠太多，这些人已经没救了。可是对于一个一切还未定性的未成年人，如果你姑息了，她会怎么想？没有得到教训的她，会不会发现这么做是一条捷径，而从此一路跑偏？你不要害人家。

他说：妹子，我知道怎么做了！

二

我有个记者女友，给我讲过一件事：

之前她对一位被实锤了的抄袭作者嗤之以鼻，可是，当她去参加过该作者的新书发布会后，看法竟然全部改变。因为——她说："当我看到她本人坐在那里，除了脸庞姣好，脖子以下全都不能看，整个身体已经变形，让我觉得，觉得……"表达能力超强的她，竟然找不到合适的词来形容。

我试探着说："触目惊心？"

她一拍桌子，说："对，就是那个感觉！"

她眼中蓄泪："但当我看到她真人，就再也对她憎恶不起来，只觉得她已经那么可怜弱小惨不忍睹，怎么忍心去揪住人家的错误不放？仿佛她做什么都可以被原谅。"那天，她准备好的尖锐问题一个都没问出来，反而是买了对方一本书作为支持。

我对人性深处的同情心有了深深的恐惧，因为它会叫人不忍心再分是非。自问如果换作是我，会在众目睽睽之下抛出让人难堪的问题吗？不，我也做不到。虽然我称不上是同情心泛滥的人，但是我不想让人觉得我是来砸场子欺负人的。

就像那位洗我文章的新手妈妈，当编辑来说情时，我第一句是："这是两回事，亲爱的。再说刚生了宝宝，怎么不给宝宝做个好榜样呢？"紧接着第二句就是"好了，到此为止。"因为我怕逼得紧，对方产后抑郁做出什么事情，也不想让编辑觉得我是一个得理不饶人的人，觉得我这人不好打交道。再说抄我的人太多，我个个去计较，会累死的。罢了，习惯就好。

我不是善良，是㞞。我知道，世界如果越来越坏，我也不无辜。写作界如今许多乱象，就是在我这种受害者的姑息下，才屡禁不止的。我身旁的朋友常常这样安慰我："被人抄，说明你写得好。"当这句话在我耳边响起过一百遍，我会不会不怒反笑，以被人伤害为荣？我这样拷问我自己。

有多少人正在借弱小之名欺负着我们？

我曾经亲眼见过许多这样的例子：

一位当年对儿媳冷漠无情的婆婆，如今年迈体弱，便摆出一副可怜兮兮的嘴脸，执意要进儿媳的门，让其赡养。在遭到拒绝后，便发动亲朋好友来为她说情，在亲戚们的轮番轰炸下，儿媳迫于舆论压力，不得已接纳了她。

一位常年卧病在床的老人，成天对照顾他多年的老伴百般挑剔辱骂，老伴苦不堪言，好多次要丢下他愤而出走，他便大哭：“夫妻本是同林鸟，大难来时各自飞呀！”老伴向人们诉苦时，周围的人都劝她：“他是病人，你不能和他一般见识。”老伴只好默默咽下苦水。

一位喜欢和人暧昧的同班女同学，把手伸到了闺蜜的身边，在闺蜜与她愤而决裂后，她哭着来求她：你知道吗？我这么做，是因为从来没人追过我。

在每一滴眼泪后面，都是精确的算计，那些示弱都是表演，是为自己开脱的理由，甚至以退为进的套路。

三

连岳说：我伤害你。你还无法拒绝，这就是奴役。

那些损人利己的人，他们在做的时候，其实自己心里是清楚的。一旦事发，只要扮弱者便能蒙混过关。

正因为犯错的成本太小，才敢肆无忌惮。

他们深谙人性弱点，利用别人的同情心将这件事做到了极致，不惜全方位展示自己所有的可怜，手段无所不用其极，到了令人匪夷所思的地步，连喝牛奶没有吸管都能成为理由。

“我固然有错，但我有不得已的原因”，而不是“不管什么原因，我都犯了错”。

“我这么可怜，你能不能别跟我计较”，而不是“我可怜，和我犯错在本质上不能混为一谈”。

完全不顾自己所谓的困境，其实和做错事不构成因果关系。

还有一些第三方或者围观吃瓜群众，或者被同情心蒙蔽，或者彰显大度，帮腔和稀泥，慷他人之慨，劝人宽容。

我尽量不劝人宽容，因为我不知道下一次轮到自己的时候，还能不能做到知行合一。

什么时候，我们才能意识到：对伤害别人的人来讲，宽不宽容是别人的自由，宽容是情分，不宽容是本分。

郭德纲说：离那些劝你宽容劝你原谅的人远点，他们不曾经历不曾感受还站在道德的制高点指指点点，离远点是因为怕雷劈这种人的时候波及自己。

我说不出这么刻薄又解恨的话，只想说：别搞混了，需要同情的是受伤害的人才对。

不要做帮凶。

老成怎样才算好看

一

几年前，和两个女友一起逛街，迎面走来一位老太太，鸡皮鹤发颤颤巍巍。

一个见状说：你们能接受自己将来成了这副样子吗？反正我不能。

另一个说：我也接受不了。

我说：有什么不能接受的？又不是一下子变成那个样子的，人是一点一点变老的，时间会给你一个接受的过程。

如果现在有人问我，我还是这回答。

岁月残酷，但是岁月也最公平。有人天生有钱有人天生穷，有人天生聪明有人天生笨，有人天生漂亮有人天生丑。哈，可是，在时间面前人人平等，它不会因为你有钱聪明漂亮就会偏袒你一分。大家从生下来每一天都在变老的路上，殊途同归。

如果有长生不老之术，哪怕花费千万甚至上亿，有钱的人们也会趋之若鹜吧？可惜没有，太好了！在变老这事上，有钱人和我们一样没辙。他们的细胞和我们一样分分钟也在氧化，胶原蛋白也在一毫米一毫米地流失，机能和代谢在成年以后也会渐渐降下来，尽管他们有条件做更好的保养，但只是延缓衰老而已，在本质上并不能改变什么。时间打破了阶层界限，一想到这一点，我就好开心。

不是我阴暗，是因为如果有一天生物技术真的发展到有钱就可以阻断衰老，这世界将会因为不公平而面临前所未有的危机甚至倾覆吧？我这可全是为世界和平考虑啊。

所以在变老这件事上，大家就不要做过于徒劳的挣扎了，顺天而行吧，尽量老得好看一点就是了。

二

那么，问题来了。

怎样才能老的好看点呢？

先从大家喜闻乐见的演艺圈说起。提到不老女神，前五名里一定有刘晓庆和赵雅芝，可是不知道为什么，大家对后者的认可度更高一点，明明是看上去前者脸上的皮儿绷得更紧啊，还动不动来个凌空跳跃什么的。我也一直想不通这个问题，直到有一次无意间看到赵雅芝正在电视上唱歌。

她唱的是《千年等一回》，说实在的，唱的真不怎么样，有的地方还跑了调。但是我就是希望那首歌能循环播放，让她在台上一直唱下去。美是当然的，重点是她看上去真顺眼啊！

没有金光闪闪的舞台装扮，上身是一件草绿色无袖洋装，下着一条合体长裙，脚蹬一双浅色系带高跟凉鞋。发型也简单，披肩的微卷长发，脑后松松一个发夹，束住了鬓边碎发。这身装扮奇就奇在，在舞台上不觉得她对观众怠慢，马上走下舞台步入人流也完全无碍，没有过度扮嫩，也没有为避嫌而扮老，对自己的认知是有多么清醒而自信，才会那么得体、美得恰到好处。

明明尚有柔软的腰肢，光洁的玉臂，但她没有扭动曲线玲珑的身体，去刻意卖弄女性妖娆，只是端庄如明月，站在舞台中央投入地歌唱。脸上始终挂着浅笑，眼神淡定，没有患得患失的焦虑与“我这么美，你们都看我”的欲望，观之温柔可亲，如沐春风。谁说女人岁数大了就会贬值呢？此刻就算是一块小鲜肉站到她面前，也会因自己配不上那样的优雅高贵而自惭形秽吧？

我瞬间明白了赵雅芝的美，就在于用始终如一的微笑温柔了岁月，当人生到了后半段，面相远比长相更重要。现在请各位读我文章的人，闭上眼睛，想象一下赵雅芝的脸，是不是无一不带着温婉的笑？她与岁月握手言欢，相拥着一起往前走，岁月于是格外厚待她，一样是飞刀，对别人是摧残对她却是雕琢。

三

但赵雅芝不是最美的，我还见过另外比她更老却更美的脸，那来自赫本。老年的赫本骨瘦如柴，皱纹横生，但她在非洲抱着难民儿童的样子，却肃穆如圣母，美得令人仰视窒息。

在当世，我还见过两张愈老愈美的脸。

她们不属于文艺圈。

其中一张脸，属于医学界国宝级人物，著名儿科专家胡亚美。看电视采访，1923年出生的她竟然还长着一张圆圆的娃娃脸，说话也像孩子一样，带着坦荡的率真，她称患儿为：“我的孩子。”一个经她治愈的白血病孩子长大成了服装设计师，她就穿着那个孩子给她设计的衣服，去参加国内顶级会议，骄傲得也像个孩子。

她的脸上当然有皱纹，但当她展颜一笑，却宛若不谙世事的少女，眉眼弯弯，鼻子皱皱，可爱得不要不要的。这种稀缺的童颜，应是终生致力于照顾孩子而得来的福利。慈眉善目和天真纯洁，两种感觉交织在一起，让她看起来那么美好。她就像一个天使，藏起了翅膀在人间微服济世。

这位一生从死亡线上拉回过无数孩子、填补了我国儿童白血病治疗空白的院士，八十多岁还在为建立儿童血液肿瘤中心奔走呼号。自言从恩师那里得到的印象最深刻的教诲是：“小孩肚子疼你要摸摸他肚子，如果你的手非常凉，一摸他一痉挛，小孩也挺难受的，所以你最好把手泡在热水里头，温了以后你再摸他的肚子。”

她今年该有九十六岁了吧？看报道说她已经开始慢慢失忆，但我想，她笑起来应该还是那么好看。那是一张因浸润了大善大爱而大慈大悲的脸，怎么可能不让人望而生暖？

四

从前看过一篇小说叫《清源寺》，不可一世的芥兰公主问荆轲：我是不是这世上最美的女人？荆轲说不是，最美的是清源寺里的慧心女尼。公主不服又好奇，于是专门前去挑衅这位一百岁的美女。她见到的慧心女尼修眉秀目，目光如炬，但已经鬓发如银，肌肤枯白。在慧心平心静气回答了她的三百个追问后，公主心中戾气渐消。再看那张貌若观音的脸，“忽然从中读出一种经历过尘劫的枯澹与悲悯，那是一种极其高级的美，那种美足以令一切世俗之美少了元气与精神，因而显出衰败的征象。”她终于承认，慧心是这个世界上最美的人。

我以为这只是小说，慧心这样理想化的人在现实中根本不可能遇到。可是看到潘其华先生后，我才知道我错了，这样的人真的存在。

央视《开学第一课》晚会，作为最后压轴出场的嘉宾，介绍说潘其华今年已经八十八岁，她一生教了八千多名学生。掌声中，潘老师出场了，身着白色镂空开衫，面容安详，神韵优雅，如慧心一样，也是鬓发如银，肌肤枯白，那双眼睛更是明亮如秋水，闪着智慧的光芒。

撒贝宁问：“在您六十多年的教学生涯中，八千多名学生。从事各行各业的都有，其中有科学家、宇航员、播音员、教师、医生，有没有哪个学生让您特别骄傲？”

潘老师没有一丝停顿，朗声回答：“没有，没有一个特别的学生让我觉得骄傲，因为每一个学生都是我的骄傲。”全场瞬间安静了下来，许多人哭了。

当小撒又问她：“您的梦想是什么？”她说：“我最后的想法是希望当我一百岁的时候，能够教到一万个学生，那样我就可以为我的教师生涯画下一个完整的句号了。”

如潮的掌声再次响起来了，灯光下，年近九旬的潘老师微笑环视，圣洁如女神，美得不可方物。

我在心中祈祷：反正人总是要老的，请让我将来就老成她那个样子吧。除了优雅得体，仁慈、博爱、睿智、担当，这些美好的品质我统统都要。最重要的是，明知前路渐少，依然不忘初心，有梦可追。这，才是终极意义上的大美。

身处尘埃，也要努力开花

一

大年初三去小姨家拜年，一进院子，不出意外又被她三口窑洞上的门帘吸引了。

和往年过年一样，小姨照例做了三条新门帘，用旧衣服剪成的碎布镶拼缝制而成，也算变废为宝。旧裤子剪了做宽边，旧上衣则变成了怒放的向日葵、饱满的水果、五颜六色的野花，散发着乡野的原始自然气息。

更绝的是：明明是纯手工，竟像电脑制作一般，构图严谨均匀，线条横平竖直，盯久了眼晕，恍惚间有如三维图，立体感压面而来。她告诉我，这样一条门帘她需要做三天。

我忍不住拍了张照片发在朋友圈，短短几分钟，下面就多了近三十条点赞或评论，北京同学居然说这手艺能挣外汇。我又顺手往香蜜群一发，马上就被夸这布艺“文艺气息太浓”，连群主陶妍妍都问：你小姨是香蜜吗?

我回答：不，我小姨就是个家庭主妇。

再准确点，她是一个地道农妇；说得撩骚点，叫“黄土高原上的巧手婆姨”，根本不知“文艺气质”为何物。

妍妍却一再要求我写一写小姨，“你小姨太有闪光点了！在黄土高原那样荒寂的自然环境中，也能通过一双巧手，开出最绚烂的花朵。小姨虽然只是个家庭妇女，但同样有自己卓越的审美观啊。”

嗯，提到审美，不得不承认，小姨身上可拿来说的太多。

二

有一次小姨进城来我家，我妈算是干净利索人了，但仍被小姨挑剔了一下，原因是她嫌弃我妈卫生间里用铁皮筒接水：“你应该用塑料桶接，铁桶接水的声音太难听了。”典型细节控啊有没有！还讥讽我妈这么做是“铜勺儿安铁把儿”。

我妈也不甘示弱：“你才是‘铜勺儿铁把儿’，你看看你家的厕所，全村就你一个人把厕所建成那样儿！”

说到小姨家的厕所，那真是他们村一景儿。农村最令人诟病的厕所，但她别出心裁：在院外盖一所宽敞的带顶红砖房，安了铁门装了碰锁，挂着洁白的半截门帘，里面装了声控灯和抽纸。在那偏僻落后的小山村，她这个红色卫生间孤零零地站在土疙瘩上，就像一个异类，标榜着自己的与众不同。

但小姨向来就是我行我素，做什么都要有模有样，不惧人言。

出去买菜，邻家妇女总会图便宜买搓堆儿的蔫坏西红柿，小姨从来不，她买的西红柿总是又红又大。她说：“吃一个，是一个。”事实上，搓堆儿买回来的西红柿总是吃一半丢一半，白白坏了做饭和吃饭人的心情不说，还造成更多浪费。

她穿衣服永远大方整洁，不露一丝邋遢相。表妹们小时候穿的衣服是她做，款式新颖别致，上面绣的花儿朵儿鸟儿灵气逼人，谁见了都啧啧赞叹。

小姨的农家小院子，被她收拾得像天天过年，院子里的地用水泥抹得平平展展，扫得纤尘不染；她家的柴火都剁成一般长，每一根大概三尺左右的样子，靠院墙码得整齐划一；窑洞里的墙刷得雪白，家具擦拭得光可鉴人，连喝水的杯子都洗得亮晶晶的。

谁说农家人就一定简单粗糙？小姨就不是。

每年春节，大家必都心照不宣地去小姨家吃顿饭。小姨做不出什么南北大菜，也没有大鱼大肉，都是些普通的家常菜，但她就是能做得既可口又顺眼。颜色鲜亮，刀工精细，味道咸淡适中，分量适宜盛在素素净净的盘子里，虽简简单单，却没有半点怠慢之感，看得见做饭之人一以贯之的用心。每一次，我们都是“光盘行动”，比起大年节下家家户户的油腻荤腥，这种清新爽口更得我们欢心。

今年过年，小姨除了做了新门帘，又把窑洞粉刷了一遍外，还给家里的每一个凳子都做了“新衣”！不管高的低的，大的小的，方的圆的，三条腿还是四条腿的，统统做了座套，毛线织就、布艺拼接，一视同仁都有份儿。

都是旧毛线碎布头的边角料，没法统一颜色，所以就像绝找不到完全相同的两片树叶一样，她家的座套上找不到两朵完全相同的花。但因如此，色彩纷呈喜气洋洋，把整个窑洞里都衬得亮亮堂堂。

我开玩笑地对小姨说：“我朋友看上你的手艺了，想订购呢！”小姨听了，忙道：“呀，人家真要，我就得买点新布料才能拿得出手。”

越是写自家人，我越词拙，轻描淡写怕写不到位，浓墨重彩又怪不好意思，唯恐言过其实。但有一点是真真切切的，那就是每年我去拜会小姨一次，就像受一次心灵洗礼，在归途中要反省半天。

我的小姨，没受过什么高等教育，讲不出什么大道理，物质环境也相对贫乏，但同样对生活质量那么有要求。她过日子不潦草、不敷衍，尽心尽力为自己营造了一个整洁美好的家。那不经意间流露出的老派风骨，令人惊艳又肃然起敬。

身边很多人，常在微博微信上自励“要活出一点仪式感”，却常常懒癌发作。而在寂寞的小山村里，我的小姨早已先行一步抵达。那些整齐的柴火堆、亮闪闪的餐具水杯、她手下毫无雷同的烂漫花朵，无一不在诠释着“认真生活”四个字。

也许真正的上等生活，根本不在于你拥有多少，而在于你对待它的态度和方式。最好的生活应该是一种物尽其用的精致牢靠，让人有底气和耐心与世界温柔相待。

看到我发的一张张图片，妍妍还给出了这样的溢美之词：“小姨的巧手撑起一个家，小姨的内心能开出花。”那么亲爱的们，在结尾请允许我也文艺一把：时刻提醒自己，就算生活把你压向尘埃深处，你也依旧要努力开出自己的花。

从此我不再那么羡慕远方

一

我走到楼下丢垃圾，手里拎一个纸箱子。花坛旁边坐着一个老婆婆，她对着对面一楼耐心地一遍遍喊着“阿姨，阿姨”，一边用拐杖指向我手里的箱子。我随即明白过来，把垃圾丢进垃圾桶，纸箱子留在地下，等那位没露面的阿姨来取。

走出小区没几步，对面的弄堂里有一棵高大的夹竹桃，粉红花朵盛放，绿叶冠盖如云，路过时我总担心被硕大的落花砸到头。

当朋友问我对新居住的这座南方城市有什么感觉时，不知道为什么，我脑海里最先浮出的竟然是这两个画面。

鲁迅说“人类的悲欢并不相通”，但是却如此相似。

那些地标性的建筑，那些高端豪华的商场，那些美轮美奂的博物馆，那些洋溢着人文情怀的名人故居，并不是我的日常生活，我只是匆匆一瞥的过客，在心里盖上了一个“到此一游”的戳。而我每天过手过眼的最琐碎平常的细节，才构成了我生活的全部。

所以，我对朋友说：无非就是吃的用的有点区别，但本质在哪儿都一样，都是生活在此时此处而已，吃好睡好，和身边的人相处好，让自己舒服舒心一点，才是生活的要义。

朋友又兴致勃勃地约我去几个其他省市走走看看，我说：来日方长，不急。

不知什么时候起，远方对我已经减退了从前的魔力。不是失去兴趣，而是更愿意以一颗平常心待之。

我明了一件事：我脚下所站的这一块土地，也是别人的远方呢。

二

有一年去内蒙古，我一个人搭上了从准格尔去往呼和浩特的大巴。车在高速路上飞驰，我把头扭向车窗外，被道路两旁的美景震慑。

蓝天下，是一望无际平展展的田野，被蓬勃茂盛的庄稼分割成一大块一大块，深深浅浅，黄黄绿绿，整整齐齐，界限清楚，一块挨着一块延展向天边的地平线。车一路前行，田野一路伴行，好像没有尽头，但却怎么看都看不腻。

那一路，我没干别的，就是拿着手机一直拍啊拍，拍到手机没了电。

我从来没有见过那么壮观大气的田野，直认是塞外独有。

回到山西，有一次坐车回老家，我不经意间瞟了一眼窗外，愕然觉得眼前的景色那么熟悉，和记忆里在内蒙古看到的田野完全重叠，一点都不逊色。也是辽阔无垠，也是界限分割清楚，也是被一样的庄稼浓墨重彩上了色——我贪婪地趴在车窗上，心里暗自诧异，这条路线不知来来回回走了多少回，可自己怎么从来没有注意到路旁的风景？是了，我都是忙着赶路，根本没有兴致去欣赏。

王阳明说过：不看此花时，此花与汝同归于寂。只有你看的时候，那些美景才存在。

近在咫尺的美景一直都在，只是我从未留意。

三

这样的事情发生过不止一次。

我曾经在“桑拿”天里南下，去到扬州专门拜访著名的汪氏小院，混在人流里发出一阵阵感叹。当年过年，我们全家溜溜达达到吾乡城外的丁家大院闲逛，逛了大半天还没有逛完那个几进几出的院子，回想起自己走过的那个汪氏小院，真的是个太小的院。

我曾经在青海连绵不迭的山脉里游走，惊叹于人家的天怎么那么蓝，云怎么那么白，和山顶挨得那么近，空气怎么那么新鲜，能见度怎么那么好。回来后没多久我开车去郊外玩，刚出城也就不到五公里，我就看到远处的青山，在鲜亮的蓝天对比下，连绵起伏的轮廓清晰可见，几缕白云轻柔地挽在山颈，空气中满满青草香。原来，他们有的，我们自己也都有。

我曾经在登日本富士山的中途，专程在五合目下车登上观景台，这是一个著名的景点，可以近距离观看云海，在翻涌的涛走云飞面前啧啧赞叹，觉得不虚此行。可是，就在一个月前，也是坐高铁回老家的途中，疾驰的车窗外却上演了一场声势浩大的云彩秀，翻卷而来的云海将远山吞没又推出，远观如神仙腾云驾雾的仙境，丝毫不亚于之前在日本看到的云海。

我一次次舍近求远去寻找美景，又一次次被本土美景打脸。那天，面对漫天的云，我意识到一个问题：把太多的希望寄托在了去远方这件事上，却忽略了自己当下生活中的美是本末倒置。

旅行的意义是从此处到别处，领略不一样的风景，感受不一样的人文，开阔眼界，放松心情，给灵魂松绑，给精神充电。这些益处都毋庸置疑，到现在我也认可。

但要反省的是，是不是我们很容易犯这一种错误：给远方赋予太多的期望，轻慢自己当下的生活。

专门耗费大量的时间和财力，舟车劳顿，翻山越岭，千里迢迢，甚至跨越重洋，试图用仪式上的隆重来补偿自己平日的辛苦，这种思维方式是时候换一换了。

补偿犒劳随时可以，不一定非要去远方。眼前的触手可及带给你的欢乐不见得比去远方少，周末近距离景点的一日游半日游放松，下班回家时的一次仰望天空，乃至小区花园里的散步，心灵的幸福满足从不拘形式。

我一样向往远方，但从此不那么有执念。

有远方时我欣然前往，没有远方时，我过好当下。

工匠精神，就是聪明人肯下笨功夫

一

去岁冬，贾樟柯来。在本市座无虚席的大厅里，上了一堂剧本创作公开课。

整整两个半小时，他不喝水也没有讲稿，就坐在那里侃侃而谈。语言流畅，表达清晰，内容全都是实用干货，不藏私，不故弄玄虚，没有花拳绣腿，一招一式细细地讲，金句迭出。

印象较深的是他结尾那句话。

“是不是经典不是当下写作者要考虑的问题。今天不为人所注意的可能一百年后会被称为经典；今天被称为经典的一百年后可能不被人提及。所以，对于创作者来说，完成自己当下的愿望和诉求是最主要的。”

够实在，也够通透。

他提到自己打算新拍一部古装电影，为了找到在清朝的感觉，已经停工整整一年。特意将自己的作息调整与古人一致，日出而作日落而息，有意规避现代化都市的喧嚣夜生活。他说自己浸淫到这种生活里，对剧本创作来说：“构不成情节，但构成气味。”

台下有人窃笑：“这方法够笨。”

就冲这“笨”，他的新片出来我一定去影院买票。

最刷好感的事情在后面。当他讲完起身致谢，如雷的掌声响起。主持人热情洋溢地感谢他在百忙之中来授课，并说贾导马上要坐高铁回北京。

“等一下”，他忽然打断说，“我还有一点要补充，关于‘美的判断’。”

他又坐下来讲了十几分钟才匆匆离去。

二

贾樟柯曾经为服装设计师马可做过一部纪录片，片名叫《无用》，即马可的服装品牌名。

你如果不知道服装设计师马可是谁，谁穿过她设计的衣服……呃，我不知道说什么好了。

今天要说的是马可为一群人设计服装的故事。

她曾经有一批客户是一群舞者：来自台湾著名的云门舞集，她受邀为他们设计演出服。

从接到邀请开始，马可就深入舞团，给舞者们量体的同时，和他们每一个人交谈，并拍下每一个人的舞姿。当她第二次来到舞团时，舞团创始人林怀民惊讶地发现，马可叫得出每一个舞者的名字。

为了贴合舞蹈主题，马可用的布料全部是手工纺织、手工印染，印染的布会发硬，她就再把它们搓软，再手工缝制。

令林怀民更叹服的是当演出服被演员穿上身的一刻。那么多群舞演员，马可不是做成统一服装，而是用相同颜色材质的布料，根据气质，给每个人做了一件适合自己的独一无二的舞服。

她最后做出的衣服，每一件都完全是舞者本人的样子。

真不嫌麻烦。

她也喜欢下笨功夫。

三

用平常人的眼光，以他们的名声和天分，根本用不着这样。

贾樟柯上课的最后那十几分钟内容，不补充也没关系，身为大腕，又没有人规定他必须讲什么，但他选择在已经结束时再次返场；在资本为王的市场里拍部电影，为努力找到清朝人的感觉，要用整整一年的时间将自己与世隔离。

马可给舞者做的那些舞服，都做成统一制服也没什么，只是一场群舞，当追光打下，舞者开始旋转跳跃，在台下的观众根本注意不到这些细节。但她仍然去下看似出力不讨好的功夫，要有多少人就做多少种款式，绝无雷同。

因为他们自己知道，有没有这点笨功夫，那是不同的。

不讲完那十几分钟内容，在贾樟柯心里就不叫授课完整；不浸淫清朝人的生活节奏，他拍电影的时候心里没底，怕交不出满意的答卷，即使票房飘红，但未必达到自己心里的标准。

观众看不出服装的关窍，但对舞者是不同的。当穿着独属于自己的定制舞服，跳舞会有不一样的感觉，最终你呈现给观众的，会有微妙的不同。而对于服装设计师马可而言，更是不同，每一件衣服都有生命，所以值得庄重以待。

这些笨功夫，下在细节处，却决定了整件事情的本质。所谓大师当如是。

其实下笨功夫的何止以上两位。

林语堂先生作品的御用翻译张振玉先生，也是“笨人”中的翘楚。有多少人第一次看《京华烟云》，因为优美洗练的语句，处处拈来的北京话，误以为这本书是林语堂用中文写的。好是没有尽头的，张先生修订再修订，达四五次以上，每一次修订都要在序中将新旧译文做对比，并阐明修改原因，例如“鸡胃”做食物时，中国人习惯叫“鸡肫”，所以要改过来。

散文家董桥说：“我计计较较衡量了每一个字，我没有辜负签上我的名字的每一篇文字。”旧式的文化人认为“锻句炼字是礼貌”、是体面、是节操。他们更像老式的手艺人，对经过己手的文字严苛到三百六十度无死角才肯拿出手。

歌手朴树，十几年才出一张专辑，但首首经典，不管多久不出来，歌迷永远都不曾忘记他。他躲在城郊的小院里养狗写歌，过简单纯粹的生活，原以为他过得云淡风轻惬意无比，但在接受鲁豫采访时他居然自曝说：创作的每一首歌，自己都要在录音棚里听上千遍。

这些天真而执着的人啊，世界因为他们，而没有变得更坏。

四

当世多大神，而少大师。

大神与大师同为天分高者，区别他们的关键在于：大神善用巧劲儿，利用杠杆撬到最大头利益；而大师喜欢下笨功夫，尤其喜在别人觉得无用之处下笨功夫。

从普世意义上来说，他们都算成功者。可是，成功的分量终归有所不同。

功者，功在当代，利在千秋——这么说好像有点大。但除了名和利，真正的成功，总该还有一点能禁得起时间淬炼的东西。而这些东西却恰恰非笨功夫不足以达成。

我们今天目光所及之处的每一样不可替代的好东西，不都是这么得来的吗？

我家厨房有一把菜刀，当时买的时候我妈觉得好贵，但因为早就听说这个品牌的刀具用的是上等好钢，其每一道工艺都下足功夫堪称精湛，还是咬咬牙买了下来。现在这把菜刀已经进我家十年了，从来没有磨过，但它保持了始终如一的锋利，好用到飞起。给我家做饭的阿姨啧啧赞叹："做了一辈子饭，还没用过这么好的刀。"每每听到它切菜时"嚓嚓嚓"的悦耳声音，我们都要感叹："是什么样的能工巧匠才打得出这么好的刀啊？"对那素未谋面的打造者充满了崇敬之情。

心心在一艺，其艺必工；心心在一职，其职必举。

无论做什么，是做电影还是设计服装，是写文章还是翻译书，哪怕是打一把厨房菜刀，要做好，靠的无非是孜孜以求的高超技艺，再加一颗不辞辛劳追求极致的心，那种被称为“工匠精神”的品质。

如果我们暂时没条件拥有好的，至少不要失去判断力，要知道什么是好的；

如果我们暂时得不到好的标准，至少不要随波逐流，失去一颗向好的心；

如果我们在向好的过程中力有不逮，至少要做到“我已尽力，唯求心安”。

柴静说过：“好东西是聪明人下笨功夫做出来的。”

其实我们都懂，“聪明”虽不易，但最难的是“笨”，是那颗清白单纯的赤子之心。

来吧，这泥沙俱下的美好生活

一

冷冷的冰雨在玻璃窗上胡乱地拍。

“欢迎来到雨区！”我同行的女友对我反复说。她已经给我“安利”了一路烘干机，给我看她朋友转发来的微信文:《雨一直下，某城姑娘内裤没干，住进了妇科医院》。

“这肯定是真菌感染。”她从谏如流已经买了一台，力劝我也买，并打开手机淘宝，一下子给我推荐好几款，让我选。

“你对南方雨季没概念，当年我在杭州上学，七双袜子不够穿，因为洗了一周都不干。”

我都快崩溃了。

我决定间歇性逃离：“待几天就回，回去在地暖房待几天再来！”把雨季耗过去。

她说：“接下来都会是雨季，五月份进入梅雨天。洗了衣服天天都不干，你快买个烘干机。”

再提烘干机，我就死给她看。

我愁容满面地看着窗外。

她指给我看："你看，车窗漏雨哎！都流进来了。"

我坚决否认："那是车窗内的水蒸气液化了。"

"欢迎来到雨区。"她说。

不知道她干别的行不行，给人添堵的功力倒是顶上乘。

何止是因为雨。我的愁，除了雨季带来的冰冷潮湿的生理不适，更是因为它带给我压抑的心理暗示。烘干机烘得干衣服，烘不干情绪。不知道接下来的生活会发生什么，我充满了对未知的乱糟糟的担忧，在舒适区待得太久，每次离开，就有连根拔起的疼痛和烦乱感。我爸恰好给我发来微信："辛苦了我的女儿。"平白让我又添了几分顾影自怜。

星象上还说我三月份全月水逆，恰好与南下的这段时日相重合——好吧，我特意去做了个美甲，酒红色，冲一下。封建迷信不可信，我只不过想要一点心理暗示，让自己内心阳光点。

火车到站，一下车，灰色的天空，雨滴滴答答。我居然忘了带伞。

在人流中拖着巨大沉重的箱子一级一级下台阶，在地铁站口，和女友就此别过。

分开的时候，女友面目凝重地提醒我说："地铁站里就有卖伞的。"大概她看我的样子也觉得惨。

二

地铁里面，依然要下很多级台阶，站在高高的台阶顶上，深深看向下面遥远的站台，我深吸一口气，提箱子的右胳膊上开始加劲。

“我帮你提吧！”身后走来一位男士，很绅士地说。

他提着我的箱子，“噔噔噔”一路小跑下去，我空着手在后面都追不上。

不会是打劫的吧？我的小人之心开始作祟。

他把箱子放在站台，冲我回头致了下意，就扎进了人流。

我跑下去，那趟地铁已经关门启程。我好像隔着门看到了他的背影，高个子，长什么样我没记住，只记得他穿运动鞋。“天使”也会穿运动鞋吗？

反正，我对这个雨季城市的印象分加了五分。

出来的时候，我给自己买伞。

红与黑两种颜色。理所当然，我选了红色，四十九元。

付账的时候顺嘴问收银员：“外面还下吗？”可能我的声音太小，我问了好几遍她才听清楚。

她告诉我还在下，然后用软软的南方口音，暖暖地笑着向我道歉：“不好意思，我刚才没听清楚你说话。”这有什么抱歉的，我吐字不清，该道歉的是我才对。

嗯，城市印象分再加五分。

就在这时，我看到微信上刚刚进账了五十元，“喜欢作者”，是不知名的读者刚给我文章打的赏，刚够折我的买伞钱。“天使”不留名，给淋雨的我买了一把红雨伞。谢谢你。

心情就这样一点点明亮起来。

三

中介很礼貌地微信我：“到哪里了？需要我过来接你吗？”

我还是自己找吧。

刚走到公司门口，他已经出来，殷勤地接过我的箱子：“百合吧？我带你去看房。”

我们走过湿漉漉的小街，转过几个弯，进入一个小区院落。路过高大油绿的夹竹桃、香樟、芭蕉、竹子以及各种我叫不上名字的南方乔木，叶片被雨水冲洗得干净透亮，纹路清晰。

还途经了一棵高而伶仃的蜡梅，花朵已经统统凋萎，但没有从枝头脱落，每一朵皱皱的小黄花上都饱坠着一颗大水珠，好像挂了无数盏晶莹的小灯笼。

等我们下了电梯走进门，房东一家四口已经在等候了。一对老夫妻，两个女儿。

房东阿姨很面善，一见我，就亲热地招呼我看房子，每一处都细细介绍。

房子装修温馨质朴，奶白色的球形吊灯，瓦蓝色的双人沙发，紫红色的软椅，电视机上盖着彩色格子的绒布方巾，小圆几上还摆着粉色的瓶花，随手可见小小的台灯，以及铺着厚厚垫子的床。

木质家具颜色不统一，一共有白、黑、木纹三种，但是摆放在一起却莫名和谐。我从来不觉得家具装饰需要刻意地强调风格统一，只要都是自己喜欢的，哪怕看起来不搭嘎（方言：不搭配的意思），但它们的内在气质一定有相通之处，合在一起就是主人的审美情趣，正所谓无为而治。

这个家无声地诉说着一个事实：这里住过的主人曾经是多么用心珍爱它。叫暂住在这里的我怎么好意思怠慢？

家里到处都收拾得井井有条。家具擦得一尘不染，厨房灶具、卫生间洁具光亮如新，水管打开，热水就流出来。厨房里冰箱、微波炉，阿姨都给我蘸着白醋擦过，家里弥漫着淡淡的醋味。

门口，阿姨给我留了拖鞋；柜子里，给我留了床鸭绒被；厨房里，给我留了热水壶、碗、碟之类的。我忙说这些我自己有，她说：这么老远你还带这些呀，我都给你准备好了，想让你有家的感觉。又笑眯眯地说：嫌我的不干净你就用自己的好啦。

梳妆台上，她特意摆上了一小盆嫩绿的文竹，紧挨着的地上，是一大盆枝叶茂盛的橡皮树。阿姨说：你喜欢吗？我专门给你的绿植，你要是嫌照管麻烦我搬走。

留下留下，统统留下，盛情难却，却之不恭。

两台空调，其中一台坏了，我想让他们给修一下，他们一家商量了一下，说给我换台新的。

阿姨说：本来这房子是不舍得租的，但是一看租户我就喜欢。我有两个女儿，看你也觉得像我女儿一样。

说得我心里潮潮的，好在，阿姨的女儿们给我备了台除湿机。

宾至如归，就是这种感觉。我有点不发怵接下来的生活了。

四

送走阿姨一家，我打算出去找点热汤热水来吃，去去寒气。

路过一家服装店，忍不住进去看了看。看到一件暗烟色短外套，羊毛的，可暖和了，正适合这天气穿。我穿上在镜子前面照来照去，有了买的打算。身后一个陪着太太买衣服的叔叔看着我欲言又止，忍了又忍终于没忍住："这个颜色不适合你，你穿有点显老。"我脱下来，灰溜溜地走了，原来还以为他要赞我有眼光呢。

这才想起自己是出来吃饭的。于是走进一家小吃店，给自己点了一盅花旗参鸡汤，对方问我还想吃什么？我说我想吃饼。

老板娘说：我们店没有，隔壁店里有，我去给你买个吧！猪肉饼好不好？

这怎么好意思？我还是自己去吧。

等我拿着饼回来，发现我刚才放桌上那盅汤不见了。老板娘指了指靠墙那个桌子，那盅汤在那里。她说这里暖和。对于一个漂泊在异乡的人，这又是一缕细小的温暖。

吃完饭，在一家开放的奶茶小店，买了三小袋滤挂咖啡，走了五步远，柜台后面的人喊我，说给个袋子装起来。

今天遇到的全都是好人。我都严重怀疑，我已经透支完了接下来这一个月的好运气。

常态的日子，绝不可能像今天一样，"天使"扎堆出现，每一件事都超乎预期的顺心。但是作为一段新生活的开始，总算不是太坏，给接下来可能遇到的粗粝疼痛，提前垫了一层厚软的棉花底。

如同一个人曾在幼年时期被温柔以待，成年后即便历尽沧桑，性情底色依旧是暖色调，行动不会轻易荒腔走板。

微信里，女友抱怨了，她的烘干机到货了，但是少零件，正在退货重发。你看，再怎么规划，也挡不住会有意料之外。麻烦接踵而至，但终会一一解决。

来吧！这泥沙俱下的美好生活，我在这里主动出击，向你走去，迎接你。

回到楼下时，楼口的弯道坡上，正站着一个颤巍巍的老太太，她把拐杖靠在一边，手扶栏杆，小心翼翼伸脚试探着，像一个蹒跚学步的婴儿。

我在坡下面微笑着，向她伸出了手。

膜拜一下这迷死人的优雅

一

埃迪第一次在码头见到玛丽恩时，他十六岁，她三十九岁。

而且，她曾经是三个孩子的母亲——说“曾经”是因为三个孩子中，有两个儿子同时遭遇车祸身亡，他们死去时，一个十七岁，一个十五岁。

她丈夫是出了名的花花公子作家，外遇不断，勾引有夫之妇成瘾。为了躲避丈夫惹的风流债，他们不得不一次次搬家。

在没见到玛丽恩之前，埃迪听到人们在背地里管她叫“行尸走肉”，说五年来沉浸在丧子之痛里的她，还从没见笑过。

作为玛丽恩丈夫的新助理，埃迪做好了看一张女人苦瓜脸的准备。

但是，当他第一眼看到玛丽恩时，连呼吸都消失了，张口结舌说不出一句话。

站在他面前的是一个美丽的女人，身材妖娆，气质出众，态度温和，举止得体，周身散发着圣洁又性感的光芒。她把悲伤完整地封存在心里，不随便发泄出来误伤或影响别人。

作家约翰·欧文在这本《独居的一年》里，细细描绘了玛丽恩第一次出场时的样子，那场景简直就像时装杂志的封面：迎面的海风中，玛丽恩坐在汽车发动机盖上，双腿漂亮修长，虽然穿了一条款式普通的米色围带裙，但裙子格外合身，穿她身上堪称完美。上身是一件超大号的白T恤，下摆塞在裙子里，T恤外套了一件淡粉色的羊绒开衫。

为了抵挡强风，她裹紧毛衣，一条胳膊横在胸下，勾勒出优美的身体线条：修长的腰身，圆润的胸脯。及肩的波浪长发映着阳光，时而琥珀色时而蜜黄色，微微晒黑的皮肤光泽焕发。整个人毫无瑕疵。

这幅画面，简直可以起名叫"风中的玛丽恩"，和那张享誉全球的摄影作品"风中的杰奎琳"相媲美。

"美就是这么不讲道理。"一个从渡轮上开车下来的家伙，第一眼看到玛丽恩，魂不守舍将车开进了乱石堆。

所有的人都在看她，只有她浑然不觉。

"行者见罗敷，下担捋髭须。少年见罗敷，脱帽着帩头。耕者忘其犁，锄者忘其锄。来归相怨怒，但坐观罗敷。"颠倒众生的罗敷女也不过如此。

作者禁不住发出这样的感叹："1958年夏天，玛丽恩很可能是全世界活着的女人里面最美的一个。"

不，还不够，约翰·欧文又特意写了她磨砂的粉色指甲油，泛银光的粉色唇膏，与她身上的粉色开衫相得益彰。

丧子之痛、丈夫背叛，尽管身陷常人无法承受的深痛巨创，玛丽恩仍然保持着外表上无懈可击的优雅和从头到脚的精致。没有邋遢、憔悴、失控，寻常女人因悲伤而导致的不修边幅、目光呆滞在她身上看不到，她仍然在最大限度地与命运角力。

痛苦当然在她身上不可避免地留下了痕迹，例如那优美的嘴角不再轻易上扬，但是她也不曾任其宰割，变得面目全非，反而淬炼出了一种圣母般肃穆庄洁的美。

她浴火重生的优雅精致令人肃然起敬。少年埃迪，一见玛丽恩误终身。

二

埃迪余生再也没法爱上其他女人。

他短暂喜欢过的女人，无一例外比他大很多，因为他总想在她们身上寻找玛丽恩的影子，并且试图欣赏她们："一个老妇人并不总是把自己看成老妇人，我也同样如此。我努力去看她的整个人生，总能从中找到非常动人的东西。"这也算是"记得绿罗裙，处处怜芳草"吧?

玛丽恩是他性和爱的启蒙者。对于与她之间的事，埃迪从不为之后悔和羞愧。虽然作家选中他来做助手是有阴谋的，因为他长得像玛丽恩故去的长子，便利用他来迷惑玛丽恩，意图达到离婚争夺女儿监护权的目的。

知道真相的玛丽恩，并没有暴跳如雷，也没有惊慌失措，她不动声色地收下这份特殊的“礼物”。又漂亮地反客为主，在一个夏日的午后不辞而别，报复了她无耻的丈夫，留给他一纸离婚协议书。

她从此消失在茫茫人海，直到书的最后一个章节，她才归来。

在离开的这些年，她也成了一个作家，用文字与世界对话，但不轻易露面。她离群索居，衣着考究地独自在餐馆吃饭，点一杯红酒，读着小说进餐。为了避免看到小孩子触景伤情，她放弃了周末外出，出门旅行她会尽量在天黑之后抵达。

她归来时，已经是三十七年以后。但是天哪，她居然还那么美，岁月势必会夺走她的一部分光彩，却将她打磨出了另一种高贵的哑光。

作家给她的再次出场营造了强烈的电影感：“一个女人穿过雾气向他走来，身后拖着一只机场中常见的拉杆箱，带着小轮子的那种……在黑暗与雾气中，看不出女人的年龄。她比一般女人高，瘦而不弱，虽然穿着肥大的雨衣，但因为她紧裹着雨衣御寒，看得出她身材很好，一点不像个老女人。尽管埃迪现在看出她是个老女人，可她漂亮极了。”

要演绎这样的女人，除了老年赫本，我再想不出第二人。但赫本已死，还有谁能胜任？梅丽尔斯特里普身形不够挺拔，气质也有点痰湿，也许，妮可·基德曼可以试试？

玛丽恩踢掉湿鞋，露出脚上的光滑裤袜，透过丝袜，可以看到她的脚指甲涂成了艳丽的粉色，如同“生长在南汉普顿庄园后面的海滩玫瑰”。

能想象吗？拥有这样玫瑰般性感的人，是一个七十六岁的妇人。她从岁月深处走来，那种被时光雕琢过的精致让人自惭形秽。她美得很高级，就像一束绿玉叶子掩映下的橙花，洁白，馥郁，神秘，不张扬却令人深深迷醉。

三

其实玛丽恩在书中的戏份并不多，只占了全书首尾两部分。然而在书的最后一章节，作家仍然在不厌其烦地描写她的穿着打扮。

进入房子后，她身着炭灰色长裙，很有热带风情的橘粉色羊绒圆领毛衣。两条漂亮的长腿优雅交叉，端庄地坐在沙发上。围巾是牡蛎的那种珍珠灰色，胸型依然好看。

临睡前来到厨房，她穿着象牙色的衬裙，披散着长度及肩的银灰长发。

第二天上午，她要去见久别的女儿。穿的还是那条炭灰色长裙，不过上身换上了酒红色的羊绒圆领毛衣，没有再戴围巾，而是戴了条简单的项链——尽管简单却依然用心，细白金链上的浅蓝宝石坠子，与她的眼睛颜色相配。风很大，她把头发用一支玳瑁发夹箍住，免得头发遮住脸。

埃迪一如既往爱她穿的衣服，被她高雅的审美深深迷住。其实何止埃迪呢？读者们也会为她深深着迷。她的审美已经融入血液中，色彩搭配永远那么高雅和谐，令人赏心悦目，叹为观止。

会穿衣打扮的人，真是世间最天然的艺术家，他们将美与生活结合得严丝合缝，任谁见到这样的人，打心眼里都不敢怠慢。

且不说玛丽恩的品质与性情之独特，她的自律与隐忍、博爱与无情都形成了巨大的个性魅力，我必须承认，单单她会穿衣服这件事，我就被圈了粉。

一个人在外表美上始终不放松敷衍，当习惯成自然，便拥有了自己的审美风格。

管得好自己外貌的人，也意味着凭借判断力与自律力，一样管得好自己的人生。

对于自己多年的杳无音讯，她如此解释：悲伤会传染，我不希望把悲伤传染给你们。

三十七年前，她头也不回地离开；三十七年后，她风姿绰约地归来，云淡风轻得仿佛从不曾离开。小说结尾，看着泪流满面的女儿，她再度说出了那句女儿四岁时她就说过的话："别哭啦，亲爱的，不就是埃迪和我嘛！"

没有人恨她。成年后的女儿深刻地体会到她的伤痛后，终于理解了她的选择。母亲只是选择了做自己，不连累他人而已。

是谁说过？"时间之中，女人有两种。一种是年轻女人，一种是年轻不再的女人。年轻不再的女人，一种走向衰老，而另一种，走向永恒"。

如果你问我：迄今为止，你见过的最优雅的女性文学形象是谁？毫无疑问，我首先想到的是《独居的一年》中的玛丽恩，她那种迷死人的优雅，近乎妖精。她让我不那么惧怕年龄，相反，充满了敬畏。

幸福的标准，就是“你觉得”

一

曾经看过一部铁凝的小说《大浴女》，里面有一个情节：一个姑娘问另一个：“什么是幸福？”另一个答：“幸福就是你觉得幸福。”

当时念中学，年纪太小，读时觉得有点绕口有趣，一看也就过去了。可不知为什么，这句话却被储存了下来。翻过那么多书，圣人之训、至理名言说起来也看过不少，对其中一些话还需要刻意记才记得住。而这句话，却只读了一遍就记住了，不经意到自己都不知道自己记住。

可不知怎的，这句话现在越来越频繁地在心里泛起。如同一片小小的树叶，沿着时间顺流而下，当以为它早被冲击得粉碎或不知所终时，却屡屡发现，它始终顽强又安静地跟随，某一处洼地的小漩涡一转，它便从水底钻上来，在波光粼粼的水面上自在地漂浮。

真理总是最朴素。

小说里回答的那个女孩子叫孟由由（你看隔这么多年我居然想得起她的名字），她不是主角，长得胖乎乎的，念书不聪明，在张嘴就需要背“语录”的特殊年代，她在课堂上一紧张说出了“革命就是请客吃饭。”惹来哄堂大笑，把老师都差点吓尿。

她长大后，没有倾国倾城也没有事业有成，但是她却是全书里活得最幸福的姑娘。因为她具备一种能力，就是幸福力，这种能力从小就有。

关于她的段落，原谅我原文复制，但我必须原文复制：

> 那个时代中国人的饮食是简单、乏味的，中国人家的厨房便也是穷酸、凑合的。孟由由天生一颗热爱饮食的心，她却没有见过更多的美食，她口袋里也没有更多的钱。不过，当她的口袋里只有一块钱的时候，她就敢请朋友登门赴宴。
>
> 她花五毛钱买了一块带皮猪肉，片下猪皮用微火煮上几个小时，只煮得猪皮松松软软颤颤巍巍，汤汁也黏黏糊糊，再放上酱油、葱花，搁在一边晾凉了凝固了，一份儿猪皮冻儿就成了。这是一道菜：猪皮冻儿。
>
> 她再把肥肉切成了丁儿，裹上面糊放进油锅炸（由于油少，肉丁浑身尽是黑糊花），一份儿炸水晶肉又成了，吃时蘸着花椒盐。
>
> 她从橱子里翻出些现成的黄花木耳，发开，用余下的瘦肉炒了一个木樨肉——又是一道菜。

她想凑个四菜一汤，就花二分钱买了一块山楂糕，把白萝卜切成丝儿，山楂糕切成条儿。雪白的萝卜鲜红的山楂糕拌在一起，看着就引起人的食欲。她又汐了一碗虾皮酱油汤，这宴席上的菜就齐备了。为此她花了五毛二分钱。最后，为了烘托气氛，她又在炉子上烧烤了一大把粉条儿。这是她的超前发明：透明的干粉条儿经火一烤就通身雪白鼓胀，又酥又脆，宛若八十年代盛行的膨化食品。

我还记得我给同学念这段的时候，读的人和听的人都开心死了。啊！这样的朋友给我们吃货来一打！

按戏份，她在书里连女三都排不上，我却牢牢记住了她。

二

越活越觉得，那些将平凡辛苦的生活过成一朵花儿的人，才最了不起。

这样的人当我在生活中每遇到一个，我就肃然起敬一次。

今年过年和我妈打车遇到一个滴滴司机。人很瘦，黑黑的脸，有点秃顶，一看就是那种很辛苦的从业者。但是他不笑不说话，一副乐呵呵的样子，好像捡到了金子。我妈晕车坐前排，一路上听他和我妈絮絮叨叨自己家那点事儿。

他说家里是在街边摆小摊的，卖些个小孩玩具什么的，原来是两口子一块摆摊，现在是他老婆摆，他开“滴滴”。平时跑“快车”，收工回家的时候关掉“快车”，打开“顺风车”，有顺路的就捎一程，不空跑。语气中很是知足。

我妈顺嘴说：这多好啊！一天到晚不闲着，两口子各做一份工。

他马上得意地说：不，我还有一份工呢！晚上去开垃圾车。

我妈一惊：那你晚上不睡觉吗？太辛苦了。

他说：我晚上开的时间段是七点到凌晨一点。不算辛苦，一点多回到家，睡到早上九点就够了。再帮我老婆出好摊儿，我再出来跑。跑到五六点回到家，吃点饭再出去上夜班。一天下来时间满满，过得挺充实。也不用去外地打工了。

我妈说：这比打工强。

他说自己不出去打工一个重要的原因是女儿在上高一，已经在叛逆期，他得多关注。这几年在家里多照顾一点，多去学校走动跟老师沟通，力保高考成功。

嗯，这真是一个有家庭责任感的男人。

一说起女儿，他开始滔滔不绝，说自己特别注意听女儿说话，一旦听到她不喜欢哪位老师，他马上去找老师沟通，麻烦老师多关注女儿，必须把她扭转过来，免得因为不喜欢老师而不喜欢这门课，导致成绩滑坡。他说从女儿上初中开始他就这么干的，这个方法很有效，现在女儿在学校的排名还不错，照这个态势，考个“211”不成问题。

我妈问：就一个孩子吗？

他说：俩闺女，大姑娘我去年刚送进大学，现在该二姑娘了。

我老婆文化不行沟通也不行，教育主要靠我。

他又说：把孩子培养好，只有她们过好我老了才能过得好。

我在后排看着他秃顶的头和微微佝偻的背，心想这本应该是一个被辛苦压倒的中年男人形象。每天从早上忙到半夜，除了辛劳着卖苦力，还要帮老婆干活，再兼顾女儿的学业，被绊住腿无法出去闯荡天地，如果心怀怨气也不意外。虽然辛苦，生活却被他调理得顺顺当当，他也过得心平气和。

我妈由衷说："这日子过得好着哩！"

他谦虚了一下："还行吧。"但语气里却是满满的喜悦幸福。我不由得又想起孟由由那句话："幸福就是你觉得幸福。"无疑，这是一个幸福的人。

三

自从家里添了小侄儿二宝后，我妈忙不过来，需要一个做饭的阿姨。来给我们家做饭的阿姨本是我们家对门邻居，已经七十二岁了，她做了一辈子家庭主妇，如今孙子都上大学了，在家闲得无聊，也愿意帮我妈。我们开始都有点犯嘀咕，不敢用，怕她万一身体出个好歹没法交代。

但很快发现，我们的担心有点多余。她每天乐呵呵的，有说有笑。一日三餐做好后，晚上还有时间精力去跳广场舞，或者去她哥哥家串门子。虽然一头白发，但比我活得都有精气神儿。

难道一个年过七旬的老太太，还要出来给人做饭挣钱，这不叫晚景凄凉吗？可是只要你见过她，才知道啥叫老有所为的快乐。

幸福没有统一的物质标准，衣食无忧却郁郁寡欢的人多的是，事业有成却焦虑抑郁的人也不少。但是幸福却有一条感觉金线，就是“你觉得”。

前一阵子我和我家淘气的大侄儿各养了一只旅行青蛙。熊孩子一上来就给自己的蛙儿子鼓捣出了外挂，账户上一下子就有了五千个三叶草，他的蛙一出生就含着金汤匙，吃的穿的用的都是顶配。

我的蛙没有那么好的条件，我需要努力给他慢慢攒三叶草，他的朋友不管是蜜蜂还是蜗牛来了，用心找对方爱吃的食物招待，以期获得多一点回礼。攒够一件装备的钱我就赶紧去买，然后再从头攒。有时候好不容易攒够五张摇奖券去摇奖，却常常倒霉地摇出白玉：啥也没捞着，还五张变一张，亏大了。真是气出眼泪。

最近我打算给我蛙儿子买一盏最好的提灯，需要一千五百个三叶草，我每天辛苦地去庭院收割，一天去好几趟，一长熟了就赶紧收。为了早点攒够，不得不克扣蛙崽子的吃喝，从最贵的胡葱炸面包降级成便宜的鹅肠菜三明治。

我还安慰他说：“儿子你先受点委屈，等一买到提灯我就给你改善伙食。其实也可以买个更便宜点的蜡烛或灯笼的，但我想让你出门方便，也不想让你比朋友低一等，这点苦是值得的，心理学上管这叫‘延迟满足’。”

等终于攒够草，去买下那盏提灯时，我心里别提多有成就感了，那种幸福，我想我侄儿是不会体会到的。要不然他怎么没玩几天就不见他玩了呢？不劳而获其实也挺没劲的。

是的，我们就是个普通人，辛苦、劳碌、赤手空拳来到这世界，凭自己双手一点点改善境遇。我不抱怨，更不“恨人有，笑人无”，凡事量力而行，过好自己的小生活。谁说一定要拥有的名利足够多才一定会幸福，人生来出身际遇不同，没有可比性，社会本来就有自己的层级。只要在属于我自己的能力范畴内努力活好，幸福感不会骗我。你觉得幸福，就幸福。

众生皆苦，但好在人心向暖

一

我的驾照到期，换照前需要例行体检，我便网约了去医院的车。

一上车，司机就问我：你要去的这个医院是不是从前的某某医院？

我说对的。

他说：这个医院改名了吗？我都不知道。

我说：都改好多年了，你开车没来过这边？

他说：我在家里待了十年没出过门。

这里面有故事，但不好接着问。萍水相逢，何必八卦。

他又说了一遍：我在家里待了十年没出过门。

我装没听见。

他再说：我在家里待了十年没出过门了。

话语背后有强烈的倾诉欲望，若再不接话就显得太冷漠，便问：为什么十年没出门呢？

他说：我生病了。

我犹豫了一下，硬着头皮问：什么病？

他说：白血病。

我在后排向前看，他的脑袋毛茸茸的，不是光头。

我问：你换骨髓啦？

他说：没有，就是靠吃药控制。

我说看样子恢复得不错。

他说：还行，就是吃激素膝盖骨有点软化了，也不影响什么，还能干点活。得病的那年四十岁出头，不得已离开了单位，现在都十年了，再回去也没岗位了，开个网约车吧，挣得也不少！看得出，他为自己能重新挣钱而开心。

我边听边开小差，他生病的这十年，家里人也都过得不轻松吧？特别是他太太，上有老下有小，一个在生死边缘的老公，经济窘迫加心理折磨双重压力，还有放不下的工作和家庭责任，一个女人的日子得有多煎熬。现在，终于可以告一段落了。

下了车，走在人行道上，迎面走来一个残疾人，头发短得雌雄难辨，衣衫褴褛，背着一大袋子矿泉水空瓶子，两条腿以一种别扭的姿态缠在一起，一拐一拐，艰难地前行。擦肩而过时，我特意辨认了一下，女的。

再走十几步，到一个十字路口，路旁的花坛上坐着一个疯子，穿着一件褪色的绛红色衬衣，瘦骨嶙峋，眼窝深陷，头发和胡子杂乱如枯草，他旁若无人，正一个人对着空气有说有笑。

站在人来人往的街头，明明阳光灿烂，正均匀细密地普照人间，却觉得众生皆苦。

二

觉得生活待自己不公，大概是每一个成年人一生中都要经历的人生况味，次数多少而已，包括我在内。

可是，当我去街头走一走，看看那些挣扎在底层的人们时，才会发现生活待自己已经很不错了，要感恩惜福才对，再不知足就是矫情。

抱怨加班辛苦的时候，想一下很多人连工作都找不到；抱怨还有房贷要还的时候，想一下有的人对买房子这事连想都不敢想；抱怨出身耽误了前途的时候，想一下很多人其实天赋比我高很多，却因为条件所限，他们连自己有天赋这件事都不知道。

是他们教会了我珍惜。

进一步走近他们，我常常会被他们身上的乐观所感染、为他们的善意所感动。

小区附近有一对摆摊的小夫妻，一年四季卖自家地里产的农产品，水果、蔬菜、玉米、红薯，地里种啥他们卖啥。有一次还看见他们摊上摆着带着露水的新鲜花椒叶，是一个顾客托他们采摘的。总之应有尽有，你想吃粽子了，跟他们说一声，第二天红扑扑脸的小媳妇儿就会给你包好煮熟拿来，价格公道量还足。

我一开始以为他们家在市周边的农村，后来才知道，他们的家在太谷县的山里，每天要开着小货车往返一百二十六公里，为了占摊位，早上天不亮就出发，等到天黑才回去。虽然辛苦，但他们每天都乐呵呵的，那种开心不是装出来的职业化笑容，是发自内心的乐观友善，买他们的东西，我自己的心情也会变好。

有一次又去他们摊位上买他们家自种的西瓜，正好西瓜卖完了。我准备去别处买，小夫妻中的丈夫叫住了我欲言又止，最后，仿佛是下了很大的决心似的，对我小声说：“你去最南边那家买。别看他们家的瓜小，但是是‘真’甜，不是‘假’甜。”悄声告诉了我一些秘密，说完又有点后悔地说：“我这人就是嘴长。”

我不管，反正那天之后，我学会了辨认‘真’甜的西瓜。

世道虽苦，人心深处犹存着一丝叫“良心”的甜。

三

前两天，我晚上去参加朋友的饭局，为了助兴特意带了两瓶酒，打车前往。

等红灯的间歇，司机主动向我聊起了跑网约车以后的一些经历。

他说现在人们的火气都很大。有一次晚上送一个酒醉的乘客回家，到地方了，乘客腿脚软得走不成路，乱嚷一气，他好心好意把乘客扶下车送回了家，但一回头，乘客却给了他一个差评，他被扣分了。

我问他你憋气吗？

他豁达地说：跑车三十多年，最忌讳的就是开车生气。我做的是服务行业，没条件生气。

快到的时候，他瞥了一眼后视镜，问我：看你拿了酒，去喝酒啊？

我说我不会喝酒，是给朋友们喝的。

他“哦”了一声，便不再多说。

下车时，他终于还是没忍住，用太原话说：别喝多啊，一个女娃娃喝多了酒危险。还有，十一点以前一定要回家。

那一下真的好温暖。

四

昨天我坐了一次公交车。

车上人永远那么多，挤都挤不过去，大家全体面无表情，带着一种泰然的忍耐。身旁正好有个座位空下，我一坐下，觉得脚下挤着什么东西。仔细一看，是毛毛扎扎一大捆葱。

身旁的汉子看样子是个外来务工人员，我只不过看了一下，他就连忙解释说：这是我从老家拿来的葱，可好吃了。

我没有看出那葱的好来，一棵棵细脚伶仃营养不良，枯黄的叶子倒占了一半还多。但我理解他的窘迫，连忙说：哦，看上去挺好。

他说：给你拿一点吧，这葱可好了。

我连忙说不用不用，谢谢。

但是他一直坚持要给我拿一把，嘴里翻来覆去就是那两句：拿一点吧，这葱可好了。

我能体会他的心情，他为他的葱打扰了我而感到抱歉，想给我一把作为补偿。但我想告诉他我根本不介意，往上数三代我也是农民，一捆沾满了黄泥巴的大葱，只会让我感到分外亲切。

我还明白，城里的菜这么贵，既然老家有，就带过来吃不用再买了，这也很正常，不用不好意思。但这样的话我却说不出口，只能反反复复听他一遍遍劝说我“可好了，可好了，给你拿一把吧，拿一把吧……”整整一站地，就在他复读机一般的劝说中过去了。

盛情难却，我说：好吧。

但就在这时，车到站了，时间来不及了。

他急得在后面拍我：你快自己拿啊，我不好意思给你塞。

我一边说着谢谢，一边说着对不起，逃也似的下了车。

车很快就开走了，我不敢看向窗玻璃内他那张淳朴又失望的脸。我真应该早点痛痛快快答应他，利利索索挑好的拿几棵，但我却没有，辜负了一个实在人的善意。

我在生活中遇到的小人物，芸芸众生中最平凡的人，他们微小如一粒一粒的尘埃，组成了这个社会的土壤。土壤中孕育什么种子，就会开出什么样的花朵，结出什么样的果实。没错，众生皆苦，但好在人心向暖。因为这些善良的人，我相信世界终归不会被带到太偏。

适度美貌是对世界的尊重

我有个闺蜜叫Y，女儿优优是个颠倒众生的小美女，去个麦当劳都有百分之九十的回头率。优优从小听惯了夸赞，难免有点洋洋得意。名校毕业的Y很发愁，生怕闺女因此走上偶像路线不注重内在素质提高。说实话，她发愁的有点早，优优才三四岁，但Y已私下警告我们：以后看到她，不许夸漂亮！

有次Y要带优优来我家，我提前跟我妈说：见了优优千万别夸她漂亮，Y很忌讳。优优一进门，我妈看了她一眼说："就是……"然后就忍住了。真不愧是我妈。

然后我妈同Y就此事交换了意见，并认为她这么做很有必要。我妈教了三十多年书，知道最后能在学业上爬到巅峰的都不是漂亮姑娘，因为漂亮姑娘大多在半道上就跑偏了。当然，这是她的经验之谈。

我从小到大受的教育也是这样：爱打扮是可耻的，爱打扮说明这人不爱学习。只关注外貌是肤浅的、庸俗的、上不得台面。我的青春期就这样度过：当别人开始在外表上捯饬时，我茫然四顾不知所云，偶尔忙忙碌碌，也多致力于“提高个人素质”。如果有人夸句好看，我会觉得受到天大侮辱。

犹记十八岁那年，换了件衣服出来，觉得不合适，又换了件，一个男生见了开玩笑说：你时装模特吗？我大怒，当场斥责人家。结果两人大吵一架，差点动手。那男生当时说了句话这么多年犹在耳边“我就没见过你这种女的！”

差不多十年前，坐火车去一个小站，当时我很瘦，腰围大概只有一尺七八，穿了件艳粉色无袖背心和一条及踝长裙，净身高165厘米的我还踩了双高跟鞋。下车时，车下面一群铁路职工围着等车，这时有个男的大着嗓门说：“天哪，我们这儿还有这么精干的妞儿！”引来哄堂大笑。我当时涨红了脸落荒而逃，心中羞愤难当：这人就是流氓！十年过去了，再忆往事，那分明是一种专属工人阶级的直截了当的赞美方式，我干吗吊着脸，为什么不能微笑着对人家说声“谢谢”呢？对，是我的观念出了问题。

去年春天，在回老家的火车上遇到个大姐，大姐看了我一眼说：“咦，你不是医院那个小妞妞吗？你那会儿穿件白衣可漂亮了！”一连说了好几遍。我听得十分困惑：我，也，漂亮过？其实十八无丑女，年轻的姑娘偶尔都有那么一两次的惊艳时刻，没啥大不了。我真正惊讶的是，我为什么那么无感，连自己曾经长什么样都忘得一干二净。回想青春，那竟是一片寡淡的荒芜。

那么好的时光就这么无感地过去了。所以我现在觉得，Y实在犯不上对优优的美貌如临大敌，让她懂得欣赏自己才是头等大事，好的鸟儿要懂得娇宠自己的羽毛。

要说明的是，我也不是不修边幅的人，只是对打扮欠缺热忱。我一直没意识到，对自己外貌的不用心，已让周围人忍耐了许久。

就拿护肤来说吧，我从不防晒，一到夏天就晒成泥巴猴，黑就黑吧，有啥了不起，晒出斑也无所谓，反正冬天都会消退。

前两天去了趟壶口瀑布，大太阳下一不戴帽子二不抹防晒，裸着张脸玩个够，回来后黑了一大截，两颧骨上已有星星斑点，我也无所谓。回来后丁丁约我吃饭，碍于面子当时没说啥，回去后就微信我：你现在的主要任务是美白。

哈，美白。这个词我听得耳朵都起茧了。去日化店，有个男店员盯了我很久说：你不想白点？我说：不想。去超市，经过护肤品专区，促销大妈拉住我说：姑娘，你需要美白。我说不用。大妈叹口气，送我几个美白小样，说你回去抹抹。

对，我就一直我行我素地黑着，觉得不是什么大不了的事，又不靠脸吃饭。

单位有个大哥半开玩笑转述，他媳妇儿看到微信上我的照片说，这女的长得挺文艺。他当时就对媳妇说："你没见本人，她哪儿哪儿都好，就是有点黑。"

那又怎么？谁介意？我又不是犯了滔天大罪。为什么这么多人来挑剔我的脸？你们是和我的人相处？还是和我的脸相处？

但让我真正觉醒的是件小事。

就在前天，铜锣湾商场，本想去退换牛仔裤，却在店长怂恿下穿了件类似旗袍的裙子。带着试试看拉倒的心态把那件裙子套上身，当我从试衣间出来，迎面撞到店员们惊艳羡慕的目光："你居然可以把印花驾驭得这么好！”我转过身，看到镜中那个完全不认识的人，在心里吹了声口哨。

怔了几秒后我再想：是的，我明明可以更好，为什么不要？忽然懂了，别人劝我在外表上用点心，绝对是种善意。当看到一个人明明可以更好一点，却像扶不起的阿斗那样死活不争气，真正关心你在乎你的人会替你可惜，越好的朋友会越生气越着急。

我不肯在外貌上下太多功夫，跟受的教育当然有很大关系，可这么多年过去了，我已是个成年人，应该与时俱进从谏如流不是吗？为啥会如此固执呢？

因为，懒。

这才是真相。不愿把精力往脸上分散一点，抱着过得去就行的态度跟生活打马虎眼，掩耳盗铃，以为不照镜子就一切OK。其实连贴三天美白面膜就可以舒缓的事就不干，至于观感，那是别人的事。我就这么打发自己的脸，说严重点，是种态度散漫、不思上进的表现。

现在才明白，无论男女，在修炼内在的同时，也该对自己的外表多负责。外貌与内在不是非此即彼的关系，它们完全可以共生共存，相互辉映。适当让自己更美一点，是对自己的用心，也是对周遭世界的尊重，更是种无声的语言，好像在说：

看，我是一个认真生活的人，谁也不能来随便轻慢。

我最终买下那条旗袍裙。走出店门，拐个弯，迎面遇到一个面膜柜台，导购小姐热情地说：姐姐，我免费给你做个美白面膜吧！

这一次，我乖乖地坐了下来。

不要嘲笑女人的憔悴

对痛苦的刻意追讨，是第二次伤害

一

由于职业的关系，很多人会喜欢和我聊天，都是一些看上去过得很不错的人。然而很多时候聊着聊着，就会聊到自己背后的不为人知。

精干爽利的女强人，与自家先生已经分居三年之久；

呼朋唤友的带头大哥，家里还养着一个患脑瘫的孩子；

受过良好教育的妹子，正天天被一个不学无术的官二代上级刁难；

知性温柔的女高知，有个患抑郁症的弟弟，她每晚不敢睡踏实，时时担心他跳楼割腕；

德高望重的知识分子，与妻子相处起来就像鲁迅与朱安。

周围人里公认最圆满的人是玫瑰姐，从小在充沛的爱中长大，背景优越，老公能干，有一双可爱的双胞胎，自己事业也很好。可是有一天四下无人，她忽然撩起上衣给我看，背上长着牛皮癣。

年轻的有迷茫，年长的有危机，还有一地鸡毛猝不及防飞起。

他们坐在我对面说啊说，说得咖啡都凉了，再起身离开。望着他们的背影，我心里常常没来由泛起那句话：这世间谁不是带病生存。

村上春树说："我蓦然注意到一个事实：每个人无不显得很幸福。至于他们是真的幸福还是仅仅表面看上去如此，就无从得知了。"听起来好像是："这世上没几个人真的幸福，大家都在表演幸福。"

对这句话我没法苟同，他的观察太肤浅片面也太主观了，怪不得他拿不到诺贝尔奖。

我的观察是：尽管每个人都有不幸福的理由，但并非所有的人都会被这点理由牵着走。一样的伤痛，有的人会自此被牵住手脚，有的人则在伤痛之后，较快地适应"新常态"。

最近见到的比较严重的一例是 Helen，她在母亲过世之后沉溺于自己的痛苦不能自拔。每天半夜三四点要把先生叫起来，说：我跟你说说我妈妈。六点起床，起来第一件事是先对着空气喊十几声妈妈。整整两年多天天如此，先生苦不堪言，劝太太该节哀顺变，Helen 流着泪说：你不体谅，你妈死了你试试？

我有个长辈则属于另外一类人。她年轻的时候是大家闺秀，嫁给了一个国民党军官，新婚不久军官出征阵亡，此时她已身怀六甲，后来生的女儿一岁时得了痢疾夭折。她再嫁，成了一大堆孩子的后妈，自己再也没有生养。老伴十几年前没了，她又沦为孤家寡人。

这一生按理说算是很倒霉了吧？但是她永远笑容和蔼姿态雍容，说话不急不缓，从不抱怨。多少年过去不见苍老，腰板挺直声音洪亮，头发梳得整整齐齐，耳朵上的银耳环闪闪发光。去年，她过九十大寿，穿着我妈给买的红花中式夹袄，哪儿哪儿都合适。这位长辈，在我心里那就是神一般的存在。

对这一类人，我关注了好久，得出的个人结论是：真正决定一个人幸福指数的是他（她）的心理兼容度，或者叫对现实的接受度。

我有个知心姐姐是出版界精英，清雅脱俗，温柔婉约，我说她看上去就像没经过一点风吹雨打的花朵，她细声细气地纠正我："你怎么知道我没受过挫折，我生不如死的时候你看到了？记住，每个成年人都是千疮百孔。但是你只要别盯住不放就没事儿，你又不是张爱玲。"

嗯，我也不想当什么都要拿着放大镜看一番的张爱玲，看生命是"一袭华美的袍，上面爬满了蚤子"；看爱，就成了"这世上没有一种爱不是千疮百孔"；看海棠恨它无香，吃鲥鱼嫌它多刺，读《红楼》又气残缺不全，高鹗妄改死有余辜。虽然文人写作夸张一点也正常，但是会下意识地流露自己的思维习惯，张爱玲太求全了。任何事情，在她笔下都要反高潮。就像一个人本来说话说得好好的，临了总要给人添点堵。

张爱玲自己也知道自己的毛病，在散文里说"凡事想的太多是不行的。"当一个人不接受目光所及之处的任何破损，兼容度不够，养成消极苛责的思维习惯，恐怕这一生都很难快乐。

二

在医院工作时，遇到过不少确诊癌症的病人。他们的第一反应几乎都是："还能做手术吗？"等熬过手术关，便前赴后继开始了一轮又一轮的化疗和放疗，用"杀一棵草连杀十棵苗"的方式与癌症不共戴天，那个过程对人体真是严酷的考验，生还者寥寥。

更令人沮丧的是，即使暂时打赢了这场惨烈的体内生化战，但"师之所处，荆棘生焉。大军之后，必有凶年。"人体的正常免疫系统重建十分艰难，这又给了癌细胞们死灰复燃的机会，能不能熬过五年存活率又是个未知数。

每一张空下来做全面消毒的病床，都在诉说着往生者的不甘。

目前学术界又提出了一种新的癌症治疗理念：人体与肿瘤和平共处。不再执着于彻底剿灭癌细胞，因为它们本身就是我们自己身体的产物，与其玉石俱焚，不如在适当的治疗以后不再穷追猛打，将肿瘤视为身体的一部分，宽容接受它的存在。与此同时提高身体免疫力，注意监控复查。

这听起来是不是有点太一厢情愿了？我不知道。但是如果把那些"放不下"的痛苦当作心理上的肿瘤，这种方式未尝不是提供了一种借鉴和启发。

几年前，我邻居家有个阿姨在高房价的压力之下远走俄罗斯做生意，她把挣来的钱源源不断汇往国内，房子买下了，她也回来了，但是鹊巢鸠占了。她气不过，和丈夫打官司，把房子要了回来；还气不过，找小三评理结果被对方打了，她报了警，但是警察的处理她不满；于是开始到处告状，中间种种狗血；最后，因为行为过激被以“扰乱社会治安”的名义关了起来，再出来头发白了一半。

“我这么多罪不能白受！”她悲愤难抑。亲友们也气也痛，但还是劝她就此罢手，别再和渣人渣事折腾，那个无底洞不值得我们用自己的人生去填充，有人甚至劝她去电影院看场《我不是潘金莲》，出来啥都想通了。但是她不肯，坚决到处讨要说法，只好随她去。最新听到的消息是她因为忙于四处上访，把新找的工作又丢了。

有时候，对痛苦刻意的追讨会成为对自己的二次伤害。

陈文茜说“记得人生有两条路，一条用来惜福，一条用来遗憾。如果你总是风声鹤唳地看过去，生活只好让你四面楚歌。”原生家庭的隐痛，成长中遗留的伤害，无辜遭遇的背叛恶行——命运向每个人花式发送伤痛，它们让我们郁闷愤恨，背人处黯然自伤，暗夜里咬牙切齿辗转难眠。纷纷然黄叶连天，不觉间起了雾霾，要警惕在怨恨不甘之间，渐渐变成一个心理亚健康甚至不健康的人。

三

我们常劝别人要“放下”，要“释然”，但是疗愈的过程却必须是先接受，而后才是放下和释然。

看过一部纪录片，心怀奥运梦想的女运动员被琐碎家务和残疾孩子羁绊，对神父哭诉：这不该是我的生活！

神父说：孩子，这就是你的生活。

心灵想通往安宁之所，必经一条隧道，隧道口挂着的牌子上写着“接受”。

我有个朋友，一生下来生父母嫌她是女孩，就把她送了人。我以为她一定会记恨他们，但是没有，她现在与生父母的关系特别好，逢年过节还上门探望，他们病了她也会去医院照顾。提及那段往事，她说：“一开始我心里也有疙瘩，但是有什么用呢？事实已经无法更改。父母那一代人有他们的局限，要接受，否则我自己余生也会郁愤难安。与他们和解也是与自己和解。”

我又一次想到张爱玲。她学贯中西，能写会画，除了天赋超群，当然要得益于她所受的教育。父亲给她打下了深厚的中文功底，母亲带她见识西洋文化。

在父母离婚以后，她与父亲发生矛盾，本来没有抚养义务的母亲还是下定决心把她留在身边，出钱供她去香港读书，却回绝了弟弟，理由是她是女孩子性别上会吃亏。父母纵然各有各的毛病，她也依然从他们那里得到了很多人一生都难望其项背的资源。

但是从张爱玲的字里行间，很难看到她对父母特别是对母亲的一点感恩体恤，细节回忆里满满都是耿耿于怀的委屈，说白了就是记仇。不否认她的天才，那天才令她俯视人间的同时，却也放大了情绪负能量。

张爱玲至死与父亲不曾和解，母亲临终前写信来想见她最后一面，她终究没有去。她在《小团圆》里讲过不肯要孩子的理由：“如果有小孩，一定会对她坏，替她母亲报仇”，看来也觉得自己过分了。

若要较真，这世上谁不是带病生存，谁不是苦大仇深，谁不是有些难治的过往之伤，在无法清除之前，不妨先接受下来，再交给时间和未来更强大的自己去疗愈。

卢梭有言：顺从使我获得了安宁，一种在艰难又无意的反抗挣扎中不可能有的安宁，也正是这种安宁，让我所有的伤痛都得了补偿。

当人开始接受现实，救赎与改变才会真正开始，你停止了哀怨与申诉，理智思考，客观对待，务实解决，生活才会一点点转向明朗。

更何况，就算被生活这个小贱人欺负了无数遍，但她的迷人之处还是时时吸引着我们不计前嫌，要臊眉耷眼地凑上前：

忽然被一句走心的歌词击中，忍不住给一碗好吃的麻辣烫点赞，为了一支新买的口红颜色去添置新衣，清早路过街道的橱窗玻璃时会悄悄欣赏自己，对着晨跑型男的背影轻轻吹出一声口哨。

那一刻觉得生活真美——亲爱的，这才对啊！当我们享受了生活的美，也要接受她给的罪，就像郁郁葱葱的田野接受一场霜冻的降临，像广阔沉默的天空接受洇漫上来的积雨云，像树木、花草、昆虫、飞鸟等一切一切生灵万物那样，去欣然地接受四季的轮回。

你不是胖，你只是灵魂比较大

一

丁丁约我吃韩国烤肉，欣然赴约。

上次我们约在中餐馆，一坐下来，向来无肉不欢的她居然要了香菇菜心，说正在减肥，于是我俩吃得点到为止，连话题都变得风轻云淡。

现在她约我吃肉，是减肥初见成效需要进行阶段性庆祝吗？

当她出现在烤肉店时，我发现她一点没瘦，许是当天穿的衣服宽松，似乎还更见胖了，上次那盘香菇菜心只是象征性表态吧。

她一边翻腾着烤盘上吱吱冒油的五花肉，一边仍然嘴里念念有词喊减肥。

我打断她，问她最近在忙什么？

她说自从换了公司，每天拼命追赶，想考个专业资格证；投资了一家重庆小面店，业余时间要去店里照看生意；最近又入股一家咖啡馆；打算明年去美国找个镇子小住，现在挤点时间就恶补英语……

我说：过得挺充实呀！

她说：是啊，可是我还是减不下肥来。现在又这么累，再不吃点高热量的东西根本挺不过去。

丁丁的胖是家族遗传，她妈妈和姐姐我都见过，一水儿的胖美人。

所以，她要减肥，那是难上加难。

她一边吃一边自责，那纠结的样子又沮丧又挫败。这一刻，她不再是那个三头六臂有梦可追的女“小强”，只是一个对自己狠不下心来的没出息的死胖子。

她的样子仿佛在说：我减不下肥，我有罪。

我心里很难过。隐隐地觉得哪里不对劲，却又说不出。

二

上个月去参加同学聚会。印象最深的不是那些事业有成的佼佼者，而是两个发胖的女同学。

在群里统计班服号时，在 L 号的基础上，她们一个要了 ××，一个要了 ×××，我还有点不信。待见到真人，两个美貌小妞，已成了两个圆球。我差点脱口而出：“你们是怎么搞的啊？能胖成这样。”

可是，不出十分钟，我就喜欢死了这两个胖球儿。

因为满场子只有她们最不藏不装，哈哈哈笑得最欢畅。

上来一道毛血旺，圆球 A 一看就说：“哇，我的最爱！”抄起筷子呼噜呼噜吃得特别香。

她身边的人一定对她很接纳，她才能吃得那么理直气壮。

有人揶揄她胖时，她干巴儿脆地说："我也不想胖，可是每天婆婆给我做一桌好吃的，要是不吃，显得多不尊重长辈！"胖于她，是生活的恩赏，是被家人宠爱的明证。

圆球 B 是我们班长，从前她的外号是"俄罗斯小男孩"。那年夏天初见她，一头天生黄毛剪得又薄又短，皮肤白得泛蓝，鼻子高挺，大眼睛眼窝深陷，双眼皮又宽又深。细手细脚穿着背带短裤，坐在白花花的大太阳下面，背景是自动虚化掉的校园绿树丛，乍一看人只有薄薄一片。就像是刚从俄罗斯老电影里轻盈跃出的清秀小少年。

而如今，五官依然深邃，只是腰围暴涨。合影时有人大喊"俄罗斯大妈快点过来"，她乐呵呵跑过来笑道："讨厌！叫俄罗斯阿姨不行吗？"她一点儿都不介意被调侃，用幽默轻松化解掉尴尬。

而另一位美人，却果断拒绝了同学聚会，理由是："我现在胖成这样，不好意思见人。"

其实她不算胖，身材只是郝蕾式丰腴。就因皮下如今多了一层薄薄脂肪，曾经的班花放弃了和同窗旧友们重聚的机会。

我不禁又想起丁丁，活得那么带劲的女汉子，身上多出来的那点肉没有压垮她的积极上进，却压瘪了她的快乐自信。

问题的关键并不是胖，而是对胖的自卑。

"伤害我们的从来不是事情本身，而是我们对事情的看法。"

三

我很欣赏的一位专栏作家发了新文，讲自己这么多年与胖的关系，那就是一场旷日持久的拉锯耗竭战。

她写道：二十年如一日长期处在减肥状态中的我，最常问自己的一个问题是，我这么苦是为了谁？

悲悯通透如她，竟也遭此心劫。也许越是认真生活的人，越容易有执念，因为他们的自我期许高于常人。

全民热衷瘦身无疑是社会进步的象征，因为我们的物质已经丰富到不需要用胖来证明自己生活优越了；相反，你胖，说明了观念落后，自我管理差。

所以，很多人都有或多或少的瘦身焦虑。没减下来的为自己减不下来惭愧，减下来的为偶尔多吃一口忏悔。面对一块红烧肉，“吃与不吃”成了与“生存还是毁灭”同等重要的问题，因为这已经被提到了道德层面：这一口，关系着你是不是一个控制得了自己欲望的人。

这逻辑有点夸张，但很遗憾，很多人就这么想。

其实，我也是轻度瘦身焦虑者一枚。如果一周因为太忙而没去成健身房，我就心里恐慌，觉得被主流社会抛弃。

好不容易去一趟，即便对那些挥汗如雨的有型男生，不是抓紧时间欣赏他们的腹肌胸肌窄胯紧臀，而是心怀嫉妒：能练成这样，不知道是吃啥外国牌子的蛋白粉了，一定很闲吧？这身肉每天不在这里泡足四个小时是出不来的——于是就莫名的愤愤起来，觉得这世界不公平，为啥他有时间天天来，而我却不行。

明明是来健身的，最后变成找堵了。

我在医学院任教的同学曾经在朋友圈里认真纠正过我：“不要说瘦身，要说健身。”

一字之差，境界天壤之别，我忘了瘦是表层目标，而健康才是应该追求的本质。

四

如果胖是因为欲望，想瘦不也是欲望吗？

减肥瘦身欲望过度也是需要警惕的心理问题，是会扰乱我们日常情绪，进而拖幸福指数后腿的。

如果一个胖人豁达乐观自信，为什么一定要他为自己的胖羞愧理亏呢？他们已经直接跳过肉身，奔向更广阔辽远的心灵空地，某种意义上，他们比我们进化得更快。

接纳程度是社会成熟度的标尺，当我们学会不用唯一的标准来粗暴衡量、苛求所有的人，这社会就进了一大步。

村上春树说：身体是我们安放灵魂的神殿，要保持它的清洁与美好。他保持的方式便是像仪式一样全世界地跑跑跑，顺便跑出了肌肉和思考。

身体是我们的，也不是，它只是我们这一世灵魂的容器。

我们与自己这尊肉身的缘分不过短短几十载，从这个意义上来讲，它是我们的合作伙伴，不是我们要征服的对手，试着与它和解，而不是过多强调“战胜自我”。

那些死磕瘦身而起的纠结和抑郁，就是身体和欲望在对抗和搏击，它们各执一端，我们站在中间痛苦摇摆。脱水、掉发、厌食乃至反弹，便是身体委屈之后的报复。

有瘦身需求的人，对于自己的身体请耐心一点。换一种方式，要疏导不要压制，要鼓励不要嫌弃，要雕琢不要修理。让它心甘情愿配合，和我们一起通向变好的路上才是正途。

从此，一样是节食，一样是运动，因为正向思维的关系，压力、困难也会随之消减。

心魔生，执念起。心魔除，烦恼灭。

我明白这个提法太过理想，因为道理大家都懂，做起来却太难。但没关系，在“知道”与“做到”之间的那段距离就叫“修行”，我们终将会在这条路上，除了瘦、美、健康之外，获得更终极的人生要义。

中国大妈，一个让人无可奈何又热泪盈眶的群体

一

东京免税店，乌泱乌泱挤满了抢购的中国游客。

收银台前已经排起了长龙，我排在其中，眼看自己离收银台越来越近，前面只剩一个阿姨，马上就轮到我了，不禁心里暗喜。

但就在这时，前方出了状况，收银员小姐搞不定了。

日本的收银方式和国内不同。在国内，我们去交费，拿着筐往台子上一放，收银员会把货品拿起来，拿扫码枪一扫，放在筐外面，再拿下一件。凡是扫过的，都在筐外面，这样不容易混淆。或者干脆都倒出来，扫完一件往筐里放一件。最后都扫完了，统一装袋。

日本不是这样，大概是为了礼貌，正规商店不允许把商品直接放在柜台上，收银员扫完之后要再放回筐内，哪件扫过哪件没扫过，全靠脑力记。

我前面这位阿姨买的东西很多，满满三大筐一字排开，目测

商品价值有个几万块人民币。本来把东西放在那里等就行了，可阿姨偏不，在小姐扫码的过程中，她总要忍不住把筐里的东西翻腾起来看看再放回去，小姐一扭头，恰好看到她放东西的动作，以为是新买的，于是再扫一遍，阿姨当然不干了。

小姐屡次用汉语提醒她："请您不要拿起来，这样容易乱。"阿姨才不听，你说你的我拿我的。还总把货品换地方，从第一个筐拿出来放进第二个筐，从第三个筐拿出来放进第一个筐，三个筐里东西来回倒换，跟变魔术似的，这在奥数上叫"三倒油葫芦"。这下，哪个扫过哪个没扫过小姐更分不清了。

有一两次，千辛万苦总算扫对了一样，阿姨说：这个东西不要了，退掉。

这么一再提高难度，收银员小姐彻底凌乱了，脸色越来越难看。

这时候又来了一个阿姨，直接插队挤到我前面，我眼看着她又往结完的第一个筐里加进去几个剃须刀。

话说各邻邦人民（东亚东南亚的全算上）的计算能力本来就不及我们劳动人民之万一，这么做有点欺负人。

小姐刚刚结过一遍已经不对，现在再结一遍还不对……已经抓狂了。

两位阿姨开始叽叽咕咕用某沿海地区方言开始大聊特聊，第二位比第一位厉害些，她嗓门更高，动作更大，翻东西翻得更勤。

小姐终于拉下脸，直通通地对第二个阿姨说：请您不要站这儿。

阿姨用普通话回她：我们一起的。

小姐忍着气，又结了一遍。

这已是第 N 次结，当然不可能对，因为两位阿姨又没管住自己的手，再次施展了“乾坤大挪移”。我在后面也等得着急，但又不能不看热闹，忍笑忍得腹肌一直抖。

收银员小姐只好再次清点，阿姨还在旁边不停聒噪，换我也崩溃。终于，小姐赤裸裸表示要罚站第二位阿姨，她指指旁边雪白的墙：您站那儿去！

不解恨，又指指第一位：您也站那边！

两位阿姨也不耐烦了：还没好？咋回事嘛你！

小姐理亏地低下头，想了想，叫了她一位同事过来，一个人专管结账，另一个人警惕地用手护着筐，不让碰。

总算结完了。

我刚长出一口气，忽然斜刺里又杀出第三位阿姨，她手里拿着两样东西插到我前面，叫小姐一块结了，说她们仨一起的。

小姐和我交换了一下眼色，斩钉截铁地对她说：请您到后面去排队！这三个筐已经结束了！

走到二楼箱包区的时候，我又一次看到了她们仨，正在二手箱包区逛。虽说是二手，但这里每一个包，都被清洗打理得干干净净，因为本身的经历反而有一种别样的味道，好像被注入了灵魂，像一看就有故事的女人一样，让人不敢怠慢。我不打算买，所以忍住了去摸一摸它们的冲动。

可是看那几个阿姨吧，她们随随便便拿起一个来看一看，再“哐”地丢回去，看着都替包疼。

她们走在哪，哪就是主场。

二

我想起在国内，还见过一个更霸气的阿姨。

去年夏天爬长白山，在山脚下迂回曲折的检票通道排队检票。两边是铁栏杆，中间过道窄窄，仅容两个人并排，人特别多，密密麻麻一个一个像僵尸一样一点点往前挪。我好不容易挪到了检票口，马上就进去了，却被一个人高马大的阿姨给震慑住了。

她把工作人员挤到一边，踮起脚，先是向排在队伍中间的同伴们大声吆喝："挤过来，挤过来！"再是向工作人员传达理由："我们十个人都是一起的。"最后，她要求排在前面的人给让路，让她们的人先进。

我仰望着她：大墨镜，血红的口红，脸上的毛孔大得可以插牙签，声若霹雳气势如虹，颇有一夫当关万夫莫开的架势。

大家一是碍于面子，二是可能害怕，反正没有人提出抗议。

我们乖乖等，可是她的同伴离得太远了，一时半会儿挤不过来。

我便说了句"那让我先进去吧！"打算往里走。

阿姨说："你不是我们的人！"抬手就把我扒拉到了一边，不愧是跳广场舞的，四两拨千斤意态从容，内功深厚尽显方家风范，就这一下，我噔噔后退了两步，身子一歪，倒在护栏上。

这个举动很明显惹怒了身后一众憋火很久的人们，"别推人！""你推人干吗！"大家吼起来。

阿姨反应很快，冲我道："谁让你那么轻！不经扒拉。"嘴硬，但表情上带出来点嬉皮笑脸。

我感觉到了她的那点嬉皮笑脸里的不好意思，又羞愧于自己的武艺不精下盘不稳，趁着这一秒钟空隙，赶紧溜了进去。

这样的阿姨，在我们社会的各个角落几乎比比皆是，她们有一个共同的名字：大妈。和韩剧里的“大婶”一样，本来“大妈”是一个很温暖淳朴的称呼，现在多少有点变质了，带着揶揄调侃的味道，专指身上具有某种特质的年长女性群体。

2013 年，这个词甚至被作为一个新词收录进《牛津英语词典》。那一年 4 月 15 日，全世界都见识了中国大妈们的彪悍。华尔街大鳄在美联储的授意下，酝酿了一年，出手做空黄金，价格下跌五分之一。然而，不想半路上杀进一批“中国大妈”，将黄金全部抄底收走，据说一共买走了三百吨黄金，价值一千亿人民币。大鳄们不得不举手投降，“中国大妈”一战成名，为国争光，打赢了和不可一世资本家之间的战争。

在国内，她们也会经常出现在社会新闻里，内容无非就是在公共场合做出各种令人瞠目的不太符合社会规范的举动，这个不多说了，大家都看过。

遇到她们，惹不起躲得起，事后带着点优越感讲讲她们的段子泄泄愤，比如我。

三

这个群体我总结了一下，基本上有如下特点：

1. 穿衣打扮要么不修边幅，要么颜色和款式较夸张欠精致，但自以为美；

2. 公共场合说话嗓门大，没事喳喳喳；

3. 喜欢结伴而行，少则三五人，多则一个班甚至一个排；

4. 购买力强，尤其喜欢扎堆买。有钱的买起奢侈品谁也不手软，没钱的围巾裤子人手一条是常事；

5. 做事以自己为中心，不在乎周围人眼光和感受，百无禁忌。

其实前四条倒还好，没怎么碍着别人，最关键的是第五点，就像前面我遇到的阿姨，不管是在商店还是在景点，她们都是以自己利益为先，不考虑别人。说白了是“自我”，说透了就是“自私”。

作为一个暂时歇业的心理咨询师，我仍然会下意识地分析人的性格成因，追溯其成长史，找到根源所在，不想当然地甩锅给“素质”“教养”这样的词。指责是容易的，随意指责是肤浅的，不加思考地随意指责是欠厚道的。

为什么会有“中国大妈”这样的女性成批次的出现？这不是偶然。

“橘生淮南为橘，生淮北则为枳”，就这么简单。

人是社会的产物，当我回头再看阿姨们那一代人的成长环境，便不再忍心嘲讽她们。

我办公桌对面之前坐一位前辈，现在已经退休了，和当下的阿姨们应该是同龄。他曾经苦涩地自嘲：“我们这一代人，啥都赶上了。该长身体的时候没饭吃，该上学的时候没学上，人到中年让下岗，老了老了一个孩。”简单四句话，概括完了心酸的一生。

他们被时代裹挟身不由己，像草芥一样被风吹来吹去，时常茫然不知所措，但又不得不咬牙前行。

我妈不止一次跟我提起高中毕业那年，成绩全校第一的她被告知“去接受 ××× 再教育”。

再然后，在烈日下收庄稼的她听到一个消息：抄了她三年作业的同桌被推荐上大学去了。虽然她后来经过努力自学，和同桌又做了同事，但提起那段往事，多少有点耿耿于怀。

这一生，握在手里的许多东西没有一样不是绞尽脑汁费尽周折甚至拼了老命争取来的，饶是如此，也常常逃不开被戏弄被当猴耍的结局。

从各种资源匮乏时期走过来的人，一辈子都保持着一个拼抢的姿态，逮到机会绝不撒手，大到冲进华尔街抢金子，小到公交车上抢座位，超市里抢盐抢米抢肥皂，都是内心不信任不安全的表现。

常听到这样一句话：“不是老人变坏了，而是坏人变老了。”我想他们不是坏人，只是一群在社会一再转型时期被卡在时代缝隙里，没有得到旧时代滋养，也没有机会受新时代教育的尴尬人。

而所谓的大妈群体，只是这个历史大环境下的一个女性群像而已。

四

在衣着上，她们审美单一可笑，所到之处丝巾飘飘造型浮夸，那是因为在她们的成长期，没有受过审美熏陶，不知道自己适合什么打扮。

在言行举止上，她们缺乏规矩和教养，行坐言谈无状，那是因为在该学规矩学教养的阶段，没人教过她们这些，社会也不提倡，反而以粗放为美。

至于她们的强悍，对不起，我得说那是她们一生与天斗、与地斗、与人斗、与命运斗所长期锻炼出来的惯性状态。看过一句话：“女孩子小时候被接纳赞扬，长大后才会温柔善良。”所有对外的态度，都是自己内心世界的投射，当她不曾被温柔以待，自然很难去温柔对待世界。

她们最大的特点是绝不吃亏，也许是因为在她们的记忆里，吃过太多不能说的亏，从相对无序的大环境中一步步走来，生活经验告诉她们，在这个社会中，人太厚道实在总是要吃亏的，就像杨绛先生曾经感叹的那样。狭路相逢勇者胜，有点小奸小坏才叫精明，自己先顾自己，不管别人。

在经过大半生辛劳之后，儿女长大成人，手头有点积蓄，身体也算给力，这是人生的黄金时期，她们终于有机会长出一口气，来释放一下压抑多年的自己，所以她们旅游、购物、跳广场舞，尽情享受人生。

但是她们随身携带的除了银行卡和现金，还带着她们那个时代留在身上的性情烙印。

她们尚没有意识到，在文明程度越来越高的社会，曾经的生活理念的确需要做一些调整和改变。于是常常被侧目而自己浑然不觉，成了那种你看不惯又干不掉的人群。

公正地说，她们粗粝不假，但正是靠着粗粝她们撑起过一个个家庭，乃至一个时代的大后方；她们凶猛，但也是靠着凶猛她们才一路拼杀到现在。她们一代人身上的问题，实际上是历史带给她们的硬伤。

中国大妈，就是这么令人侧目又令人唏嘘。提起她们的诸多言行，你会无可奈何；但一想到她们所经历的风云迭起的大时代，你又会热泪盈眶。

她们是历史造就的一代女性，从岁月深处走来，又终将渐渐成为历史。

教养欠缺的背后，代表着一段物质资源曾经短缺的人生，毕竟“仓廪实而知礼节，衣食足而知荣辱”。现在面包牛奶都有了，文化和修养还会远吗？

请再给她们一点时间。

世上本没有负能量，嫌弃的人多了才有的

一

中午午休，睡意蒙眬中，手机微信提示音响起，来自一个朋友。

他发过来一串哭脸：我支持的球队输了。

我笑了一下，心说：“屁咧，肯定还有别的事。”

我回：哭吧，哭吧，不是罪。

果然，没过五分钟，他主动说了：职场被人挖坑，损失不小，外加客户减单，真是雪上加霜。他焦头烂额，午休失眠了，想找人说说话。

不知从什么时候开始，我们羞于向人直接诉说自己的难堪与郁闷，需要铺垫与迂回才能说出真相。这还算好的，要知道有更多的人，已经失去了倾诉的能力，据说都市“微笑抑郁症”发病率在节节攀升。

“微笑抑郁症”，现代人的一种新型抑郁倾向。表面上一切如常，保持习惯性微笑，但内心早已不胜重负，在压垮骆驼的最

后一根稻草到来之前，你根本看不出他们的异样。而这一类人多是别人眼中所谓的成功人士，他们维持着表面上的繁荣富强，实则内心积重难返。

窃以为，这种现象与舆论环境有关。我们这个时代，提倡人人自带盔甲，不允许轻易流露出脆弱彷徨。

刷刷自己的朋友圈，谁敢说自己没看过类似的文章：《不要成为散发负能量的人》《远离那些负能量的人》《要学会屏蔽负能量的人》，甚至有《世界正在惩罚负能量的人》……铺天盖地，散发负能量者不说人人得而诛之，也要分分钟将其隔离孤立。看得人心惊胆寒，不免要“有则改之无则加勉”，否则不如自绝于人民。

二

我神烦这些论调，人吃五谷杂粮，就要拉屎放屁，这个道理大家都懂。只要我们还活着，要在这个世上谋生交往，就不免会有沮丧、难过、愤懑、消沉、脆弱……这些被统称为“负能量”。但别忘了，“负能量”也是我们精神代谢的产物，为什么要对这个词有偏见？

谁的头上能永远艳阳高照一碧万顷，不定哪块云彩就兜头一阵冷雨。

其实，那些所谓散发负能量的人，不过是暂时被困的弱者，是旁观者清当局者迷的迷路者，是剧痛之下忍不住发出了呻吟与咒骂乃至哀号的受伤者。

不是人人都能把持得住隐而不发。更别忘了，那些微笑抑郁症是怎么来的。

人在某一个阶段遇到坎坷，产生负能量是必然的，但极少有人会永远负能量。就像没有人永远正能量一样，包括那些正在口诛笔伐他人的人们，能保证自己一辈子福星高照吗？能保证在满地鸡毛面前永远心平气和吗？能保证在被中伤踩踏之后绝不失态吗？

负能量是全人类共有的精神产物，人类经过亿万年的进化始终没有消灭之。真正关于负能量的科学解释是“以真空能量为零，能量大于真空的物质为正，小于真空的物质为负”，从能量守恒定律来说，正能量与负能量之间就是要此消彼长，循环往复，负能量不会被消灭，否则不科学。

三

你看一棵树，从春天长到冬天，经历季节变换，迎接烈日、狂风、暴雨、霜雪，在它的枝头，不时有叶子脱落飘下。那些随风而逝的树叶，就是树的负能量，可是没有人会去大惊小怪地谴责——只不过，是因为它们没有打扰到别人。

谴责散发负能量的人，本质上是谴责用负能量扰乱他人身心的行为——可是，你为什么不能承认，是你自身的能量不足，禁不起来自他人的情绪耗损？

或者，是对方在你心里的分量不足以让你为其付出心理成本？

这些都没有错，毕竟在现实面前，要各人自扫门前雪。

但用政治正确的口吻，站在道德的高度上进行评判，却值得商榷。

当这种声音形成权威论调，会不会让许多怀揣负面情绪的人产生愧疚感，在寻找到正确的宣泄途径之前，因为畏惧而选择压抑自我？

都市人一边哀叹人情淡漠，一边强调人与人之间的界限，这个尺度还得好好学着把握。因为我们很难保证自己，每一次在与他人的交往中，不会产生距离定位上的错觉。也许一次坦露，换来的是伤口上撒盐。

要成为一个有教养的现代人，意味着要活得像柴静说得那样：“在笑容背后，是咬紧牙关的灵魂。”牙关咬不紧，在我们这个时代是要被鄙视的。

四

我的闺蜜 W，曾经职场遭人暗算，职业生涯一度跌入谷底，还有一些乱七八糟的其他事儿叠加。那一段时间，在另一个城市的她几乎天天都要给我打电话，一打一小时，话题也只有这一个，诉说自己目前的遭遇，控诉陷害她的人，循环播放。好不容易见一次面，醒着的时间也被这样的自白占满：“我真傻，真的……”祥林嫂似的。几乎要神经了，这样的状态一直持续了大约一年多。

但我一点也没崩溃，更没烦她，真的。她打电话的时候如果我正忙，会告诉她一会儿给她回过去。我只希望她能好受一点，如果跟我说她能好受一点儿，就让她说。每一次，她说那些我听过无数遍的事情时，我都像是在听第一遍，因为我明白，如果痛苦不消散，那每一次重温都是新的。

这种情况一直到她在职场触底反弹，她才慢慢减少了和我电话的频率。好长时间没有她的消息了，没有消息就是好消息。

我没有觉得她把负能量传递给我就不应该，相反，我愿意承接她对我的信任，举目四顾，这世上能有几人把如此多的信任交付给我？况且我的朋友本来又不多，能帮一个是一个。我能做的只是陪伴。

明白了吧？这世上本来没有那么多的负能量，只是嫌弃的人多了，就变成了所谓的负能量。

闲言碎语，最好不要说给不相干的人听，不是说是个人，就配分享你的负能量。“世味年来薄似纱，谁令骑马客京华？”你对世人存着始终如一的美好希冀，最终才发现，世人各有各的可恶。

不要嘲笑女人的憔悴，
那憔悴里有沧桑淘澄出的智慧

一

“梳头发的时候他在头发里发现了一弯剪下来的指甲，小红月牙，因为她养着长指甲，把他划伤了，昨天他蒙眬睡去的时候看见她在床头剪指甲。昨天晚上忘了看看有月亮没有，应当是红色的月牙。”

这是张爱玲《红玫瑰与白玫瑰》里的句子。本来这篇小说里流传最广的是另一段：“也许每一个男子全都有过这样的两个女人，至少两个。娶了红玫瑰，久而久之，红的变成了墙上的一抹蚊子血，白的还是“床前明月光”；娶了白玫瑰，白的便是衣服上的一粒饭粘子，红的却是心口上的一颗朱砂痣。”

这段话当然经典，胜在精辟。但更耐寻味的却是关于“红指甲”的段落，不仅委婉地写出了两情缱绻时的疯狂，后面还有昨晚的月亮“应当是红色的月牙”这样的热烈暗喻，更写出了一个女人对男人的深情：剪指甲，一般来讲是母亲面对自己的新生婴儿

时，才会做的事吧？

一定要很爱很爱他，才会舍得为他剪掉了指甲。

这是书中主角佟振保和他的“红玫瑰”王娇蕊的情爱片段。“海龟”男振保租房的房主是他的老同学王士洪，娇蕊则是王士洪的太太。他们趁王士洪出差的空档看对了眼，纠缠在了一起。

从来都是让男人们伤心的娇蕊，这回轮到有人来替他们复仇了，要一次性讨还之前她欠下的所有情债。

“老房子失火最难救”，情场“老司机”沦陷了真要命。

她坐在家里等振保，听电梯轰隆轰隆上楼，到了这一层不停，她“就像把一颗心提了上去，放不下来”，如果没到这层停了，她又感觉像是“半中间断了气”；

她趁振保不在的时候，把他的大衣拿回来挂在墙上，自己坐在大衣下；

她把他的烟灰盘子也偷拿回自己屋，点着他吸剩的残烟，痴痴地看烟烧尽，烧了手指，她满足地吹一吹。

这做派很小女生，像韩剧里，天天跟在自己暗恋的男生后面，偷偷喝他水杯里剩下的水的傻姑娘；也很张爱玲，《小团圆》里也有这样的段落，张爱玲把胡兰成每次抽剩的烟蒂珍藏起来，攒了满满一信封。

张爱玲写：“现在这样的爱，在娇蕊还是生平第一次。”连她自己都嘲笑自己。

再拥抱振保的时候，她极力紧箍着他，羞愧地说：“没有爱的时候，不也是这样的吗？”然后把手臂勒得更紧些，问他有爱没爱的搂抱“是不是两样”，振保只能答：“当然两样。”但说实话，他分不出。

因为他对她，没有相同分量的爱。

两个人之间，“谁先爱谁输”。所以娇蕊注定要输得很惨。

二

天真的娇蕊给先生写信摊了牌，想要离婚，和振保白头偕老。

振保没想到她来真的，慌了手脚匆匆逃离，还住了院。娇蕊追到医院，做小伏低伺候，种种欲言又止地词不达意。

她安慰振保“别怕”，自己表态“我都改了”，后来又要强地说：“我绝不会连累你的。”最后又近乎哀求：“振保，你离了我是不行的，振保。”——是她离不开他。

她像个怯生生的做错事的孩子，卑微地渴望得到一点安慰，哪怕一点好脸色都行，但是振保已经烦透了她。

娇蕊最后一招是屈辱地抱住振保号啕大哭，声嘶力竭，她伏在振保身上哭了很久很久，哭得自己都下不了台。女人爱起来，真贱。

振保自始至终没有给一个台阶。他直截了当地对娇蕊说：“娇蕊，你要是爱我的，就不能不替我着想。”

他冷酷而头头是道地分析了自己的困境：来自母亲的，来自社会的等等等等，总之他是要前途的人。

她将他视为全世界，但他的世界里根本没有她的立锥之地；本来嘛！大家都是成年人，就是玩玩。

他还精明地替娇蕊想出了向先生挽回婚姻的办法："等他来了，你就说是同他闹着玩的，不过是哄他早点回来，他肯相信的，只要他愿意相信。"

这凉薄如冰水，将娇蕊一下浇蒙，又浇得特别特别清醒。书里写："娇蕊抬起红肿的脸来，定睛看着他，飞快地一下，她已经站直了身子，好像很诧异刚才怎么会弄到这步田地。"她找到她的皮包，取出小镜子来，整理了一下妆容，正眼都没看他一下，就此走了。

既已至斯，还有什么好讲。这个小女人终归记起了自己的自尊和骄傲，她果决地刹车，没有让自己的失态继续。

后来她又来了一次，趴在睡着的振保身上又哭了一顿走了，一句话都没说。

上一次哭泣，是挽留和哀求，为的求一点结果；

这一次，是诀别和了结，为自己覆水难收的爱情。

从此，她死了心，再也没来找过他，就此断了联系。

三

娇蕊并没有再回到自己先生身边，她真的离了婚。

她打落牙齿和血吞，不自欺欺人，离了婚的女人没着没落前路坎坷，但骑虎难下也好死撑到底也罢，这一步既是踏出就不再收回，终究没有委屈自己的心，不肯糊里糊涂苟且偷生。

振保呢，因为母亲的眼泪所逼迫而结婚，见烟鹂一面就说"就是她吧"，像不耐烦又随随便便地往家里搬一件家具。他并不爱她，但他永远政治正确，活在社会的评价体系里。

这个故事里，女人比男人勇敢清醒：爱了就爱了，就要在一起；不爱就拉倒，该离开就离开。

而生活终将怎样对待那些敢作敢当一副热肠往前闯的人？

后来的振保，在世人眼里，俨然一副成功人士的模样：事业有成，老婆贤惠，女儿可爱，才九岁连上大学的教育金都准备好了。对上孝敬母亲，对下照顾弟兄，对朋友谁也没有他热心周到。人笑他俗，但那也是洋派人见过世面的俗。

从外面看真的挺好，但是翻开生活的里子，全是破洞：妻子无趣乏味，闺房不行，不喜欢男欢女爱，有点冷淡；口齿不行，再也没有从前和娇蕊那样口舌上一来一往斗嘴的乐趣；理家不行，和婆婆用人都处不来；应酬不行，振保的朋友她全得罪光；料理家务也不行，用纸包个东西都包不好——竟是样样都不行。他就是娶了个“身家清白，受过教育”的空壳子回来。

这还罢了，更讽刺的是，烟鹂后来竟然还出轨；出轨就出轨吧，出轨对象还挺不落俗套，是个头上长瘌痢的裁缝。更吐血的是，振保为了面子还不能声张，照样得拿钱养家。

这和他最初设想的家庭生活太不一样了，简直是老天爷跟他开的冷笑话。

娶了白玫瑰，日子就成了一张白色的草纸，不得不忍着恶心擦拭生活给他的排泄物。

至于他的红玫瑰，她现在过得还好吗？他仍然为自己的“十动然拒”引以为豪。

四

终于一天，他在早晨的公车上和她邂逅，这是有戏可看的一次会晤。

他上车，找位子坐，有个妇人不经意而自觉地抱起孩子，给他腾出座位。他一屁股坐下，待弟弟提醒，才发觉那妇人竟是他的娇蕊。

此刻，落在振保眼里的娇蕊，已经是一个憔悴的中年妇人，开始发胖，仍然涂脂抹粉，却早已不是当初的娇艳欲滴，成了烂大街的俗艳。

曾经看到有评论家对娇蕊的憔悴表示了居高临下的同情，觉得人生万分悲凉。其实憔悴又何罪之有？谁能不老？日复一日地氧化和地心引力，衰老不过是迟早的问题。评论家没有对着镜子照照自己的模样吗？试看苍天饶过谁？

张爱玲只写了振保单方面的视觉感受，如果她肯写娇蕊再见振保的感受，也许会这样写："他的脸还是酱黄色，只不过比先前又添了青黑，大概是这一向做事太辛苦了，听说他太太也不很省心，以致他母亲都从家里搬出去了，他夹在中间想必很吃力；眉眼五官还是像从前那么看不出所以然，但神情比从前多了疲惫。从前自己对他也刻骨铭心过吗？想想都觉得恍惚又奇特。"

再次会面，隔着汤汤流水一样的岁月，尽管皮相开始衰老残败，但娇蕊交上了漂亮的答卷，秒得振保渣都不剩。

她不再是那个逮人就放电的风骚少妇，成了一个得体端庄的太太，和振保弟弟寒暄起来滴水不漏。原来她是一早带儿子去看牙，孩子闹牙疼闹得她一晚上都没睡成——怪不得憔悴。当了妈的人，都难免。

振保问她“你好吗？”她沉默了一会儿，方道：“很好。”这一声“很好”是扎实的结论，而那沉默才最珍贵，是飞速回放的历历往事，是不再提起的千言万语：被辜负被抛弃，跌跌绊绊多少辛酸周折，最难的时候都过去了，现在我很好。

振保问她爱不爱自己的丈夫，她笃定地点头，并郑重回答：“是从你起，我才学会了，怎样，爱，认真的……爱到底是好的，虽然吃了苦，以后还是要爱的，所以……”

这一段磕磕巴巴的话，真的是无比真诚，无比豁达。她早已不恨他，他曾经闯入她的生命，给她上了一堂课便转身离开。从那一段失败难堪的感情里，她学会了怎样爱人，从此如同凤凰涅槃，带着这技能一路向前，找到自己可托终身的人倾心相守。

振保由衷地说：“你很快乐。”

她笑了：“我不过是往前闯，碰到什么就是什么。”这是默认自己快乐。

是不是也可以这么说：“当你经历过最坏的，便没有什么可害怕的了。”没有因为受伤就停下脚步畏缩不前，往前闯，“碰到什么就是什么”，多么勇敢！

较之娇蕊的真诚坦然，振保报之的是令人呕吐的庸俗和轻薄，他冷笑：“你碰到的无非是男人。”真是刻舟求剑啊，还是十年前的眼光。

殊不知两岸猿声啼不住，轻舟已过万重山。

面对这个男人的无理傲慢，娇蕊没有生气，坦然答："是的，年纪轻，长得好看的时候，大约无论到社会上去做什么事，碰到的总是男人。可是到后来，除了男人之外总还有别的……总还有别的……"

她是真的活明白了：女人不能只靠美貌，因为它终将会逝去，生活里还有其他更值得看重的东西。

写到这里，张爱玲让这个女人的光彩如礼花一般绽放，照亮了读者的眼睛。情海几番沉浮，千帆过尽，她稳稳登陆，在尘世烟火中，握住了生活的把手。

岁月摧残了皮相，却将那些有悟性的女子像珍珠一样从生活的沙砾里挑拣出来，打磨得熠熠生辉。苦难磋磨她们容颜的同时，也给予她们修炼，赐予她们力量，让她们变得无惧无畏，宠辱不惊。

当她们老了，头发白了，脸黄了，发胖了，长了法令纹与眼袋，不要忽略她们也经了风雨，见了世面，长了记性。她们比从前更通透，更踏实，更从容。在那憔悴里，有她们的故事与历练、成熟与成长，有沧桑里淘澄出的智慧和气场。

也让曾经在她面前不可一世的男人相形失色，显得虚弱幼稚。振保开始妒忌，"连她的老，他也妒忌她"。

所以才有人对七十岁的杜拉斯说：比起你年轻时的美丽，我更爱你现在饱受摧残的容颜。

五

现在，轮到她问了："你过得好吗？"

他一开始是想装一装幸福的，却还是没能兜住全面崩塌，当众丑陋哭泣。

最可怜的人莫过于机关算尽太聪明，到头来竟是一场空。

这个时候他还在想：这不对，如果必须有人哭泣，也应该是她。但是他止不住。

完全反转，他还记得当初他让她怎么哭的吗？岁月啊，到底是替她报了一箭之仇，真是大快人心。

她也并不安慰他。只是淡定提醒："你是这里下车吧？"

好走不送，我曾经的爱。所有的爱恨哀怨，我都已经放下释怀。我的心曾经是一片焦黑的战场，而今几番春风化雨，这里又绿草如茵变回春天，更胜从前。

振保下车后娇蕊是什么表情呢？她会发一会儿怔，苍凉一笑。回头整一整儿子被振保卷皱的方形翻领，柔声说："乖，再坚持一下，马上就下车看牙医，看了牙医，牙就不疼了。"

不忽悠，读书真的会让你变得更好看

一

受邀参加一个读诗会，发现一个有趣的规律：大部分长得好看的人，一般读得都不会差。注意，这里的所谓“好看”不是单纯指漂亮，而是一种赏心悦目的舒服。

集体读诗，一排人黑压压地站在面前，都不用张口，一眼扫过去，那些能瞬间让我目光停留的人，直觉告诉我会读得更好。

果然，当他们张嘴开读，不会断错句，更不会读错字，遇到诗单上印错的，还会自动纠正。一个帅哥读《红楼梦》诗词中林黛玉的《问菊》，诗单上把“孤标傲世偕谁隐”打成了“孤标傲世借谁隐”，他一个不易察觉的停顿，按对的发音不动声色地接住往下读，那一下真是令人暗自赞叹。

而这一类人里的姑娘，她们读诗的时候，声音不见得激越高亢，没有令人尴尬的煽情做作，举重若轻浑然天成。语气轻柔笃定，轻重把控自如，把那些诗篇一字一句地敲到了你心上。这样从容的读法，只有对诗文充分理解的人才能做得到。

她们大多淡妆素裙，表情温婉，眼神明亮，举止娴雅。眉宇间没有戾气，周身散发着被书卷浸润过的清香，令人见之忘俗，怪不得培根说“读诗使人灵秀”呢。其实细看五官肤色，她们不见得比身边的其他人强多少，单拆开来看硬件甚至还不如别人漂亮，但整体感觉就是出众，非常非常之有姿态。

提到“姿态”，清人李渔有一段妙论，他说态之于女子，像火的焰，灯的光，金银珠宝的亮泽，“是无形之物，非有形之物也。”

尽管无形，可是当你真正看到这样的女子，便觉得“气质”绝不是个虚浮的词儿，“腹有诗书气自华”这事儿的确是存在。

二

读书能变美，可不仅限于提升气质。

我和一个姐姐去吃午饭。整整一年没见，我发现她比去年此时好看了很多。

坐在我对面的她，就像换了一个人。状态比去年好了不止一个水准，皮肤润泽光亮，脸上笑意盈盈，整个人精神焕发。回想去年，虽然她正值新婚宴尔，嫁得也很如意，但看上去一脸疲惫，不像是个被婚姻滋养的幸福小女人。

我夸赞她，顺便说出了疑惑。她告诉了我原委，去年刚结婚时，她为了努力适应一个好妻子的角色，整个人非常紧绷。身为职场女领导，在忙完一天的工作后，下班后她把新家当成第二职场，饭要自己做，地要自己拖，衣服要自己洗，还要照顾老公和婆婆的情绪，凡事亲力亲为，所以弄得憔悴不堪。

她老公是有钱人，她的收入也很高，以他们的经济实力，完全可以购买家政服务。但是她当时觉得不是钱的问题，是觉得对待自己的家，事必躬亲才对。

那现在呢？

现在的她变了。只留下核心工作归自己负责：跟家庭其他成员交流感情。剩下的，交给家政人员打理。但为了留出私人空间，家政人员可以周六日休息。比如厨师一到五来做饭，周末走之前做一点方便存放的包子饺子之类的就可以，他们想吃什么再自己做点。

哇，终于想开了？

她说：其实，是我读了一点哲学书。

什么？用刘瑜老师的话说，“从朝阳区到海淀区，是可以不绕道阿尔卑斯山的，坐地铁 10 号线就行。”这点琐事需要提到哲学的高度上来对待吗？

她说就在自己总觉得生活越来越不对劲的时候，父亲当年重病离世前在病床上对她说的话，一再在耳边响起：“可惜呀，你没有学哲学。”反反复复，如同神谕。

她想大概父亲当时已经发现了她认知上的短板，却没来得及跟她好好谈。遂决定好好买几本哲学书看看，在读这些书的过程中，她了解了方法论，明白了世间万事都要抓主要矛盾，再回头看生活方面的许多问题根本就不应该成为问题，分清主次轻重，把精力放到他人不可替代的事情上来，生活一下子就简单明晰了好多。

其实很多烦恼本质上不是生活为难你，是认知局限造成了格局过小、处理系统低级。当你认清生活无非就是发现问题、分析问题、解决问题的过程时，把“大象关进冰箱”就一点儿也不难。

通过读书，姐姐的认知进化，大脑处理系统升级，生活随之变得容易，压力一减轻，整个人的气色和精气神儿都好了，所以她看上去变漂亮了。

胡适在《为什么读书》里说过：“问题当前，全靠有主意。主意从哪儿来呢？从学问经验中来。没有知识的人，见了问题，两眼白瞪瞪，抓耳挠腮，一个主意都想不出来。学问丰富的人，见着困难问题，东一个主意，西一个主意，挤上来，涌上来，请求你录用。”

读书，当书中的营养和见识能为我们所用，不论是心胸格局还是处理能力，我们都将不可同日而语。这样一来，生活这袭华美的袍上那些小虱子便不足为患。

一样的烦恼横亘眼前，别人那里在哭喊“蜀道难”，但在你这边，是“五岭逶迤腾细浪，乌蒙磅礴走泥丸”，分分钟搞定。强大又自信的人，状态怎么可能不轻盈？形象又怎么可能不好看？

三

把读书能变美这件事讲得最接地气的是央视主持人倪萍的姥姥，老太太虽然目不识丁，但却是个生活的智者，说起话来咳珠唾玉，为此倪萍还专门写了一本《姥姥语录》。

姥姥说：“念书的人不管长得怎么样，你仔细看都长得好看。

书念得越多，人长得越俊。没念过书的人眼神是傻的。”

按这个标准，姥姥认为读书人陈丹青长得好看：“这么利利落落、清清爽爽的男人不多了，旧衣服穿身上，就是好看加上好看。人家鼻子是鼻子眼睛是眼睛，长得一点儿也不糊涂。”

而陈丹青本人，则认为“鲁迅先生长得真好看”。因为“先生的模样真是非常非常配他，配他的文字，配他的脾气，配他的命运，配他的地位与声名”。

要知道，鲁迅可是每月买书平均要花去近三十大洋，折合成人民币两千多块的人呢！这么舍得投资，人家怎么可能不好看呢？

所以“人丑就得多读书”。不仅仅是投资重点的选择和转移，从整体论的观点出发，你不好看，有可能是不够聪明，不是换护肤品就能解决的，应该多逛逛书店。药可以治病，书可以医愚，顺便医丑。

三毛说过：“读书多了，容颜自然改变，许多时候，自己可能以为许多看过的书籍都成过眼烟云，不复记忆，其实它们仍是潜在气质里、在谈吐上、在胸襟的无涯，当然也可能显露在生活和文字中。”

看，长期读书不但能美容，还能整容呢！

所以，亲爱的们，别犹豫了，赶紧读书吧，读书不仅能让我们变聪明变强大，还能变得更好看。如果爱美，那读书这件事，一定要多多益善。

拥有钝感力，是一件神奇的事

一

我曾经做梦都想拥有一项能力，一直苦求而不得，但最近，忽然奇迹般地拥有了它。

这种能力就是钝感力。

与敏感相反，“钝感力”即指“迟钝的力量”，出自日本作家渡边淳一。“钝感系数越高则对外部反应越迟钝，同时其敏感度也会越低，人的思维只有钝感系数与敏感系数相平衡才更容易保持较为理性的思维。”

在人际关系上拥有钝感力的人，除了对别人的恶意不敏感，还能迅速忘却不快之事。

我在我的女友们身上见过这种奇异的能力，那时候我还不行，所以只能表示深深的艳羡。

第一个是M。大前年，我们一起去逛青海湖，住的酒店房间条件不好，M和我去找前台换房。她语气平和地讲了要求，前台却一脸不耐烦，找各种理由推诿，M 仿佛没看到她的脸色一样，继续温和重申，后来前台翻着白眼给我们换了。我在一旁悄悄观察 M，整个过程中，她始终彬彬有礼，丝毫没有流露出一点按捺着的怒气，根本没有受到对方的影响。事后，她谈笑风生地跟我坐电梯上了楼，甚至都没在我跟前私下抱怨过这个糟糕的前台一句。

面对别人显而易见的无礼，她是怎么做到熟视无睹不影响心情的？我只能顶礼膜拜。

第二个是我的同学 E，年薪百万的世界五百强高管，我发现当她想要阐述自己的观点时，非常自信，可以滔滔不绝一直讲下去，特别有感染力。我就不行，我讲一讲会看看听者的反应，如果觉得人家走神或者反感，会马上调整甚至停下，好像很识相，其实是被干扰了。

第三个是 L。她陪我去做《红楼》讲座，讲完课我俩去吃火锅。店里的服务员脾气很大，给我们送水杯，都是“咚”地往我们面前一蹾就走了。那天我做东，心里很过意不去，还没说话，L 细声细气地说了句：“她这样子怎么行呢？也不看看人家平儿。”我扑哧笑了：我那天讲座的内容就是《红楼梦》中平儿的人物分析。

她缓缓给杯子倒水，没有动一点气。

这都是天赋异禀的妙人儿啊！这等钝感力我等望尘莫及。

二

多一分钝感，少一分内耗，随之多一分幸福。这个道理我早都懂，但是臣妾就是做不到啊怎么办？

我天生就是一个敏感的人，很小很小就对身边的很多人很多事“见微知著”，超过了自身年龄阶段的应知应会。以至大人们说话的时候，总得避着我。他们说我“耳朵长”，但是我嘴不长啊！如果我把我知道的很多事抖搂出来，哼，你们当中很多人都别想有好日子过。

我曾经为此苦恼过，和我的敏感斗争过、谈判过，但都没什么用。

后来，索性，我就接纳了我自己的敏感，享受它赠予我的细小的悸动、欢乐乃至创造力，也接受它给我带来的各种副作用。

想想那位著名的民国女作家吧！做衣服时，只要裁缝扁着嘴一笑，她立马就觉得自己的料子少给了一两尺。她终生都在与自己的敏感缠斗。

唉，钝感力这东西，可能真的是天生的吧！

我以为自己今生跟钝感力大概无缘了，强求不来。

但是，不知道何时，它竟然在我身上悄悄生长了出来。

我是怎么发现它的呢？就是最近。

那天，我去某公司某部门办事，对方承办者对我的态度很差：“你干啥的？”连跟我一起的同事都觉得尴尬，连忙善意地给我宽心：“公司其他人并不是这样的！”对于那种无礼我明明也感觉到了，但是愣是没感觉。

啊，这就是钝感力吗？我也有了？我内心狂喜。

三

现在，我明白我一直想拥有的钝感力的本质了，它对外界不良性刺激的无感，不是因为心大，而是因为心高。

面对别人的冒犯，不是迟钝到不知道，而是知道了，但对方根本不值得我付出心理成本。双方之间的认知壁垒太厚，对面投过来的明枪暗箭根本刺不穿它，所以伤害、疼痛根本无从谈起。简单说就是“犯不上计较”。

当我内心还不够强大的时候，对方一点言语上的无状，就会引起巨大的情绪反应，说到底还是自身免疫力不够。所以才有别人的一点风吹，就会引起我的草动。

举个例子，还是说大家都熟悉的《红楼梦》。

芳官拿茉莉粉代替蔷薇硝，骗了贾环。贾环他妈赵姨娘说贾环好歹是主子，哪里轮得上一个小丫头子戏弄了？气势汹汹找上门来，打了芳官一耳刮子，引来一场十余人的群殴，丢人丢大发了。

一样的事情，贾环的姐姐探春却不这么看，事后她这样劝自己亲妈：“那些小丫头子们原是些玩意儿，喜欢呢，和他们说说笑笑；不喜欢便可以不理他。便他不好了，也如同猫儿狗儿抓咬了一下子，可恕就恕……”

探春给人的印象是个较真的狠角色，向来以“敏”著称，理家时一眼识破吴新登媳妇给她挖的坑，不依不饶；抄捡时能就手给掀她衣服的王善保家的一个耳光。然而这次何以愿意装瞎轻轻放过？

因为她自知身份贵重，不会和下人们在小事上一般见识。这就是她的钝感力，比她的“敏”更珍贵。这种“钝”，不是二木头迎春“被针戳都不知道哎哟一声”的钝，反而是一种精英思维式的取舍，像极了蔡康永的那句话：“我得抱着精力留下来，解决对我重要的事情。”

赵姨娘没有钝感力，才会暴跳如雷打上门去。就如同没有铠甲的人，总觉得进攻才是最好的防守。

有了钝感力，就可以该明白的时候明白，该糊涂的时候糊涂，生活会变得清爽、节能、高效。

前提是内心强大者才能拥有它，跟体格强健的人不容易感冒一个道理。然而对于天生敏感的人来说，在拥有它之前，真的还有好长一段曲折的路要走。

被婚姻打脸，首要是保持体面

没钱是不是没资格拥有爱

一

世界是一头大象。

每个人嘴里描述的世界，都是自己所触摸到的那一部分。

包括爱情。

我见过一对为爱死磕的情侣。小 G 和小 D 作为医学院同班同学，朝夕相处了五年。毕业时现实横亘眼前，其他情侣要么纷纷抱头痛哭挥手作别，要么期期艾艾谁也不明说，但心里知道分手不过早晚，先拖着再看。

小 G 和小 D 也面临同样问题。

小G 是个大大咧咧的小胖妞，打算毕业后回老家医院；小D 品学兼优，校方有意让他留校，并承诺几年以后让他出国深造。此刻各奔前程也情有可原，或者退一步先各自安好，容后再想办法团聚。

但这俩货一合计，觉得别的都好商量，就是不能分开。

小 D 很费一番周折才拒绝留校，在小 G 的邻近城市找了工作安顿下来，没过多久，小 G 也放弃了父母安排的工作，投奔小 D 去了。他们决定结婚。

我被邀请参加了他们的婚礼。

没有买房，暂时租住；没有添置家具电器，洗衣机和电视都是旧的；没有婚纱，连礼服都没有，G 姑娘穿了一套淡黄色套裙，价格低到我都不好意思说——两位数。她甚至都没舍得给自己买一管像样的口红，用来化妆的是一支一寸长的口红小样，网上打折买的。

他们是真正的裸婚，只因他们刚刚毕业，一文不名，双方家境都不算好，他们也不肯增添家里的负担。

很奇怪，我竟没感到丝毫寒酸。新郎英俊逼人，新娘脸上洋溢着幸福的光彩。没有华服司仪，没有音乐灯光，婚礼温馨简单，爱情是唯一的装饰品。

我悄悄问 G：委屈吗？

G 说：一点也不！有这个人在比什么都强，物质上的东西，慢慢挣。

他们慢慢买了房，又买了车，彼此事业稳步上升，N年过去，他们也步入中产，又生了个粉琢玉砌的小子。

小 D 如今早已是医院的青年外科专家，对 G 还是一如既往地宠溺。就如同当初并未担心G姑娘的劣质口红会让自己中毒一样，他也没觉得妻子一文不名跟了他就好泡，如今仍然很恩爱。

实际上，如果一个男人利用姑娘的简单真诚把她轻易哄上手，又以她太好泡为名甩了她，他对她，根本就不能称之为爱情，那只是消遣。

每当听到有人道出爱情与物质的有关理论，认为得先把自己包装成值钱的样子，别人才会死心塌地珍惜自己时，我就忍不住想到小 G 和小 D 的故事。

凡事无绝对，以我的经验，这种事儿有时还得看人品。

每个人都有自己观察世界的角度和维度，思考得出的结论也许就是自己要去的方向，每念及此，我常常一身冷汗。

二

那么，那些没条件宠爱自己或没宠爱自己意识的姑娘，是不是在爱情面前就会比较弱势?

的确，在有些人眼里，你的朴素是土鳖，你的节俭是寒酸，你对物质生活要求不高只说明你没见过世面——你被他迷惑又被他嫌弃，你甚至不知道自己错在哪里。

可在另外一些人眼里，有可能你的朴素是低调，你的节俭是美德，你对物质生活没有过高要求说明你宜家宜室。

同一个你，两种境遇。这一切，还不是要看你遇到啥样的人。

从经济学角度看，婚姻市场上，供需双方在这里权衡比较，期望最终找到适合自己的一款伴侣。婚姻既然是市场，就应该丰俭由人，不用祭出道德的旗。

但我坚信这类人并不能代表全部。在另一些人的天平上，精神与心灵的契合度占的分量更重。

如果他真的爱你，又不赞同你的生活方式，认为你值得拥有更好的生活，他会积极地帮你改善条件，不动声色地引导你的品位，让你增长见识开阔视野，活得更有品质。

我有个朋友，因为家庭出身关系，过得比较粗糙。据说风干物燥季节，她身上的化纤衣物总噼里啪啦起静电，她男朋友见了，什么也没说，直接带她去商场给她从里到外买了一套质量上乘的衣服，告诉她：衣物除了款式还要讲究材质，贴身的尽量选纯棉，这样对身体健康有好处。

小时候在巷子里玩耍，无意间听到一个没念过书的老太太教训自己马上要订婚的闺女："现在彩礼多要点，到时候他想反悔，不心疼你还心疼钱呢！"

所以，当看到类似"让他给你买房，房子写在你名下，房贷让他背着，他就不敢跟你三心二意了"的句子时，我就忍俊不禁，瞬间穿越回童年的那个午后，小巷深处，掉了墙皮的墙根下，精明的老太太拿着一把大蒲扇，边扇风边唾沫星四溅地对她闺女耳提面命放狠话。

这就是"醒世恒言"吧？无关年龄和受教育程度，关乎的是人内心的安全感，是几千年男权社会留在中国女性基因里的阴影，我们离真正的坦然独立还有距离，道阻且长。

《欢乐颂》里，几个姑娘在讨论安迪是跟奇点合适还是小包总合适，叽叽喳喳了半天都觉得前者可靠有安全感，除了曲筱绡。小曲说她们："什么叫局限？就是砍柴的以为皇帝都挑金扁担。"因为安迪有钱有貌，根本不需要别人在物质上给她安全感。她要一个能让她开怀大笑的人就够了。

桥归桥路归路，鱼找鱼虾找虾。

世界如此之大，价值观必然多元，没有绝对的对与错。但不管你是谁，遇到对的人，爱情才成立。

回到物质的话题，如果条件允许，请尽量对自己好一点。一些姑娘想包装形象来提高在婚恋市场上的竞争力也无可厚非，但要注意凡事有度，别被误当物质女，吓跑注重内涵的潜力股男人。

如果暂时穷，也不必为买不起而太自卑。高级口红名牌包，急也急不来，凭能力一样一样慢慢挣。全盘接纳当下的自我，不拧巴也不焦虑，才是真懂得从根本上爱自己。

想拥有真正的爱情，靠的是我们自身的光芒，与我们有相同频率的人会被吸引。那些不足，正好帮我们筛选掉那些不适合的人。

愿我们都能遇到对的人，承接得住对的爱情。

你这么㞞，还是别离婚了

一

我家亲戚里有两对老夫妻，都是儿女双全，不愁吃喝。但日子却过得截然不同。

第一对老夫妻，老头手脚勤快，性情温和，很会疼老婆。有一次我到他们家去，吓一跳，两个人在家看孙子，这倒没什么，关键是一下子看三个！地上跑着个两岁的，怀里抱着个七个月的，床上还躺着一个四个月的。儿女们忙上班，把孩子都给他们送来了。

搁一般人，这不得手忙脚乱成一锅粥呀！但是他们却并没有。两个人分工协作安排得井井有条，到了饭点儿，老头手脚利索，几下就把饭做好了，和老伴换班吃饭，满屋子笑语喧哗，牙牙学语声。大概是感染了爷爷奶奶的好心情，三个小家伙都很乖很活泼。

我要走时，老太太一定要给我带点好吃的，我觉得人家已经很忙了，说啥也不肯要，便跑了出来。老太太跑出来追我，我跑多快她跑多快，一直在小区里追了我五六百米，追到我跑不动为止。

真丢人，被一个七十岁的老太太打败了。

我气喘吁吁地看着老太太：脸上虽然有了皱纹，但气色红润，眼睛明亮，头发大部分都是黑的，真是一个漂亮健康、有福气的老太太。

我不由得想起了第二对夫妻。

第二对比较年轻，比前一对小个十岁左右。虽然家里只有一个孙子，但气氛总是很紧张，每次我去他们家都不想多待。

老头有“直男癌”，在家里饭来张口衣来伸手，油瓶倒了都不扶，老伴忙成狗，他都不会搭把手；成天对老婆横挑鼻子竖挑眼，嫌她伺候得不好，嘴还又臭又狠；记仇，三四十年前老婆哪次给他端饭，饭碗放得重了点，都要时不时拿出来在嘴里掂个过子；老婆病了，从不关心，该吃吃该喝喝，好像和自己没关系。

老婆和他过了一辈子，苦了一辈子，吵了一辈子，累得心力交瘁。六十刚过，已经满头白发满面憔悴，身体也很不好。

好的婚姻会给人滋养，而坏的婚姻不但损耗人的精神，也会摧毁一个人的身体。长年累月的不幸福，会让人早早走向衰老，甚而影响健康和寿命。

我曾经斗胆问这个阿姨：既然不幸福，为什么没离婚？

她说：当初是因为孩子们都小，他不肯离，周围人都站在他那边离不了。现在离吧，都这把年纪了，离了别人也笑话。算了，这辈子就这么着吧，等死就好了。

二

我原来住的小区邻居 A，她的婚姻故事颇值得玩味。

A 属于比较能作妖的那种女人，穿衣化妆、言行举止都很出位，凡事都要掐尖出头，典型的表演型人格，平常“幺蛾子”特别多。老公比较憨厚老实，沉默寡言，听说当初追她也是下了血本的。

但结婚没几年，A 却提出来要离婚，理由是：老公太无趣，日子过得实在没劲。

周围人有劝的：“你老公是个好人，可要珍惜呀，不要不知足，夫妻嘛，搭伙过日子，平平淡淡才是真。”

也有质问的：“人家一没出轨，二没家暴，又没犯什么原则性错误，你凭什么要离婚？”

还有背地里骂的：“你瞅着吧，她这么作，会吃大亏的。”

但 A 还是义无反顾地离了，一单单了好多年。这期间她前夫都再婚生小孩了，一家子其乐融融，比得她更形只影单。

A 后来再婚，新老公我正好还认识，这男人平日里喜欢呼朋引伴拉关系喝酒，给人介绍生意从中获利，用古语说就是“江湖掮客”。这一对，大家都在背地里说他们是“丑人多作怪”。

看 A 的朋友圈，也是画风清奇。经常晒一些五花八门软件 P 的夫妻合照，一会儿在海底遨游，一会儿上了大楼广告，一会儿是小猫小狗萌萌哒，一会儿是皇上皇后君临天下……修图软件都要玩坏了。最搞笑的是，晒幸福晒得很做作，在高铁站蹭了个贵宾室坐坐，都要拍合影配文字上传朋友圈，唯恐人不知道，满满是“我过得高端幸福要昭告世人”的姿态。

说真的，她许多的自以为高端幸福，有时候看上去真挺低层次的。

有一次坐火车，恰好就遇上了他俩，正好坐邻座。A现任老公一见我就开始唾沫横飞地吹牛，好像国家形式世界局势尽在他掌握，没有几句靠谱的，我都要尴尬死了。但是A一脸崇拜痴迷地听着，少女心加上星星眼，那种“我老公好渊博，我老公好能耐”的感觉真不是演的。

A老公好不容易刚停下，就轮到A了。她开始给我算命，一会儿看手相，一会儿相面，一会儿排八字，一会儿问星座，弄得我哭笑不得。一瞥眼瞅到她老公，正欣赏地看着她，满眼宠溺开心，还在旁边帮腔，就差说“老婆你好有才”了。

没错，这是一对活宝，但人家的幸福却如假包换，婚姻好不好，女人的脸骗不了，A溜光水滑桃花般娇艳的脸蛋说明了一切。

“破锅自有破锅盖，啥人自有啥人爱”。贵在合适。

好的婚姻关系，有的像鸡汤，滋补绵长，如同我前文里提到的那一对七十多岁的老夫妻；有的则像臭豆腐，别人闻着臭，自己吃着香，比如眼前这一对。

我开始佩服A当初勇敢恢复单身的决定。没有当初的果决，就没有如今的幸福。否则，这世上不过多一对貌合神离的夫妻，哪有现在的各自安好，皆大欢喜？从某种意义上说，“任性也是一种美德”。

下车分手时，我由衷地祝她幸福。她拍怕老公的肩膀，大言不惭地对我说："终于等到他，不枉姐单身那么多年。"嘚瑟劲儿一如既往。

别人眼里的不着调，才最是人家的着调之处：不为别人的议论所左右，只对自己的幸福负责。

三

我记得小时候看过一篇小说。写的是一个八十岁的老太太闹离婚的故事。

具体情节忘了，只记得老太太年年来法院要求离婚，老头子死活不离。闹了很多年，当然最后还是离了。

小说里写，在拿到离婚判决书后，老太太走出了法庭。法官惊奇地发现，老太太的背影比之前都挺拔了许多，人也一下子年轻了。离婚让她如释重负。

如今身边的许多女性，挣的不比男人少，干的不比男人差，经济完全能够自立，却愿意在已经死去的婚姻里死撑到底，靠惯性把生活被动推进。

我遇到一个案例，B 跟老公感情不好形同陌路很多年，谁都看出这婚姻已经名存实亡，连男方的家人都出动了，劝她离。

B 跟身边一个大姐商量，大姐却说："你离了婚，可就再也找不下合适的了。"说得好像她现在这个老公有多合适似的。

其实据我所见，身边许多离了婚的女性，并非有些公号文里渲染得那么惨，离婚也没那么可怕，有人找到了对的人重新出发，有的人虽然单着，因为摆脱了枷锁，也活出了轻松和精彩。

反倒是一些原先人五人六的男人，离了婚之后很潦倒。再说了，就算暂时没找到对的人，也不见得惨。因为高质量的单身，好过低质量的婚姻。

不敢离婚，本质上是源于对未知的恐惧不敢迈出这一步，就像穿惯了小鞋的人也会害怕光脚走路，所以宁肯要一个形式上的家庭，在泥潭里打滚空耗青春。

也许，抛开其他因素，除了害怕单身，更害怕别人看自己单身的眼光。就像B，她都不敢想象父母听说自己离婚后的反应。

敢于主动离开糟糕婚姻的女性都不是尿人，如果太尿的话，还是别离了。因为以你的尿劲儿，你离了也过不好，说不定离了就后悔。

我不是用激将法鼓励离婚，这种事不能意气用事，毕竟每个人的情况不同，要承认个体差异和局限。婚姻自由，原本就包括结婚自由、离婚自由，以及不离婚的自由。

对那些勇于结束错误婚姻开启生活新模式的女性报以热烈掌声，但“离婚就一定能获重生”的鸡血言论也不适于所有人。离与不离，从实际出发，毛主席说了：积极造成条件，凡条件不成熟者，无论何时何地不要勉强去做。心理条件也很重要。

再讲一个我看过的故事吧，别嫌烦。

女主角忍了糟糕的老公一辈子，毕生梦想就是和他离一次婚。她每天写日记，日记里记录了老公这多年的劣行，充斥着对老公的恨意。她想如果自己死了，女儿看到这一柜子充满怨气的日记，一定会大吃一惊。

结尾是，就在她下定决心提出离婚的那一天，女儿神秘兮兮地把她请到了饭店，去了以后看到高朋满座，宾客如云。

女儿说：祝贺你妈妈，今天是你和爸爸的金婚纪念日！

“我跟这个人已经过了五十年了吗？”她才反应过来。

在音乐声和如雷的掌声里，他们被大家拱上了台，接受大家的祝福，很多人在台下感动得热泪盈眶。

她哭了。他也哭了……

其实归根结底，对于那些身陷无药可救的婚姻里的女性而言，离不离婚其实就是一场事关内心幸福与现实利益的博弈。一生很短，愿你想清楚自己最想要的是什么，然后，落子无悔。

被婚姻打脸，首要是保持体面

一

好几年没联系的朋友A给我打来电话，询问卖房子的事。

我问她怎么好好想起来卖房子？

她语气平静地说了一句话，却像在我耳边响了一声炸雷。

她说她老公没了。

我问：什么时候的事？

她说：就前几天，在酒店意外去世。

她简单讲了一下过程，很多细节含混而过。成年人的教养就是“你不说，我就不问。”

我只问出殡了吗？

她说已经入土为安，除了给她留下一个待成年的孩子，还有一大笔外债。

N年前她为爱情丢了家乡国企的稳定工作，背井离乡跟着他来到异乡，在家相夫教子的同时也没闲着，顺便做点小生意贴补家用。

我还记得那年与她初识，她刚买了新房，充满了对新生活的憧憬。对尚在懵懂期完全没有发言权的我，说起为婚姻做出的牺牲，脸上会有一种复杂的表情。

她的眉毛总描得特别精致特别美。

后来我离开那座小城北上，她打过几次电话说等有时间来看我，总说来总也不来，渐渐没有了消息。再联系，竟传来这样的消息。

“成年人的世界，没有消息就是好消息。”这句话，是真的。

巨大的债务面前，她显然顾不上悲伤，我也没有怎么安慰她，当务之急是先解决眼下的财务危机，我俩在电话里开始商量对策。

岁月终于把我们打造成了务实而坚硬的人。

她的朋友圈里，除了微商和鸡汤正能量，看不到悲伤的痕迹。

毕竟生存是第一要务，而眼泪是背人的事。

二

想起之前朋友 B 给我打电话，也和房子有关。她说自己把旧房子重新装修了一遍，还给我留了间房，随时去住。

我说：那你装修期间，你们住哪儿？

她停了一秒，淡然道：我离婚了，离了有一段时间了。

我想拖了这么几年，还是离了。原来结婚离婚都一样，讲究瓜熟蒂落。

她说她回到家，把这件事向父母平静地宣布。

她对他们说：“我过得挺好的，有房有车能挣钱。唯一的不好，就是担心你们认为我过得不好。”

让那个伤害自己消耗自己的人离开，房子里该扔的扔，该换的换，贴壁纸铺地板，打造成了一个焕然一新的小窝。然后面目平和，波澜不惊地让生活继续。

关于离婚，我们在后来的聊天里再也没有提及，仿佛是拔掉了一颗长歪了的智齿，不值一提。

三

这一届女性到底是不同了。

婚姻发生意外状况，不管是丧偶还是离异，对一个女子来说，不是该不顾一切地呼天抢地晕过去，或者逢人就像祥林嫂一样说“我傻，我真傻”地痛心疾首吗？呵呵并没有。

因为大家都达成了某种默契：婚姻只是生活的一部分，不是全部。只有在心里不将之视为全部依靠，当它坍塌时，自己也就不会随之软趴趴躺倒。

网上曾经疯传一句话：“原想找你遮风挡雨，没想到后来的风雨都是你给的。”道出了当下女性对婚姻普遍的深深失望。更多的人，活得更讽刺，明明在婚姻的伞缘下走着，其实半边肩膀被淋得精湿，进退不能。

很多女性被倒逼着成长，而成长太快，会替婚姻中的自己不值。

我们终于明白，所谓的婚姻中的搀扶，也许是老年以后的事，在漫长的大部分时间里，是一场两人三足的捆绑式长跑。

一个人懒惰，另一个人就得格外辛苦；

一个人太快，另一个人就得疲于奔命；

一个人跌倒，另一个也会被牵连跌倒。

亦舒说："婚姻犹如黑社会，没有加入的不知其可怕，身在其中的又不敢道出它的可怕。"

所以没事别劝人结婚。

四

再讲一个身边人C的故事，全职二胎妈妈。本以为岁月静好，不料有一天老公竟然跟女同事私奔了，给她留下一纸离婚协议书，一个上小学的儿子，一个未满周岁的女儿。生活无以为继。

她跟社会脱节多年，也没什么专业技术，想来想去，不如从自己最擅长的做饭做起。

她把儿子送到小饭桌，女儿找了小区车棚的阿姨白天照管，自己开了一家羊肉面店，结果生意一下子红红火火，每天忙里忙外，见人说说笑笑，仿佛那个男人根本没在生命里出现过。

戏剧性的一幕发生了，半年以后，她老公在外面漂得辛苦，跟小三分了手，捎信说要回来。

我不知道她答没答应，但是很显然主动权已经握在她自己手心里。

当婚姻出现意外时：对A来说，她顾不上哭；对B来说，她犯不上哭；而对C呢？一开始是顾不上，现在是犯不上。

什么才是安全感？是爱，钱，还有健康，缺一不可。

所以"没有很多很多的爱，有很多很多的钱也是好的，再不济，还有健康。”

当爱没有了，钱和健康还在，就不算输到底。

这个道理，我的朋友 ABC 们，应该有最切肤的感受。

五

“免我饥，免我苦，免我颠沛流离，免我无枝可依”，想得美。当下社会，结婚不再是女性的保险箱，而是充满了风险和变数。

所以我劝你，早上醒来，数一数自己银行卡上的位数，设想一下如果意外状况发生，你自己能负担多少，觉得不够，爬起来，滚出去挣钱。

晚上躺下，摸一摸自己的身体，有多久没有体检和锻炼，想想自己对家人未尽的义务，如果自己出现意外，他们有多少承受能力？至少不要给人添麻烦，更不要留一个烂摊子让别人收拾，这是做人最起码的责任感。放下手机好好睡一觉，明天又是新的一天。

有一些问题不会因为结婚变少，反而更多。李银河在《奇葩大会》上说：未来婚姻制度终将消亡，原因之一就是女性不愿意结婚了。可惜我们现在还只能走在试错、纠错的路上，给后来者用血泪浇灌路标。

单身的不愿意结婚的就别结，甭管别人说什么，因为说话的人到时候不会替你受苦。

婚内的女性，如果被婚姻中突如其来的意外打脸，尽可能表情保持体面，而要做到这些无非是两点：一有钱，二不慌。

像对待一个课题或者项目一样，把现实难题逐一攻克，别辜负我们受过的苦和读过的书。哭哭啼啼没用，怨天尤人无益，只会给围观者带来谈资。

别人等着看你洒狗血，你就沉默着从他们面前走过去，身上带着洗发液和身体乳的香。

魏姐示范如何对待前任

一

“你还记得那天漫天大雪，你和尔晴站在一起，如同一对璧人，从那天起，我就对自己发誓，从此挥剑断情，见面不识。所以，请你离我越远越好。”

《延禧攻略》里，已成为令嫔的魏璎珞，面对不甘心不释怀的旧情人傅恒，说出了这样一段话。

看到这里，你就明白，这样的姑娘，再怎么样，她们的日子都过得不会太差，因为她们不会随便犯糊涂，任自己陷入被动尴尬的境地。

相比于放不下她的傅恒，她显得口冷，心硬，特别无情。但是越往后看就越知道，唯因如此，在猜忌多疑的大猪蹄子乾隆眼皮子底下，才保住了两个人的平安无虞。否则呢？两个人若再藕断丝连腻腻歪歪，落在无风尚还要起三尺浪的后宫众人手里，岂不是自寻死路，迟早人头落地。

自尊自爱，方能自保。

魏璎珞们身上，有以感性著称的雌性动物身上很稀缺的特质：感情上特别拎得清。

就这一个优点，会让她们规避掉许多不必要的人生耗损：被人唾骂，声誉上的污点；无可辩驳，道德上的槽点；还有情路折返带来的坎坷，以及最后留下满身满心的伤痕。

常常有人在后台问我：分手后，“罗敷自有夫，使君自有妇”，还要不要和前任联系？

要我说，如果不是有业务必须要往来、有钱必须要一起赚，还是少有来往吧！“从此分两地，各自保平安。”活着已经如此艰辛，得不偿失的事情尽量少做。在琐碎疲惫的生活间歇，把所余不多的爱的力气，留给合法合理的人。

二

《延禧攻略》这部戏之所以好看，是因为在古装戏的表皮下，有一个现代的瓤。

傅恒的婢女青莲，如此评价魏璎珞：“她能在短短时间升为令嫔，说明她是一个识时务的人。这样的人，通常都是聪明人，知道过去不可追忆，只会一直向前看。这样的聪明人往往是无情的，因为过去的一切美好，都会被他们丢弃。”

“聪明”加上“无情”，一个人当然会走得又快又稳。能把握机会，还从来不犯感情上的低级错误，人家不当人生赢家，你当啊？

“聪明”加“无情”，翻译过来就叫“理性”。

我迄今记得，心理学教科书上写过这样一句话：“人的一生应该屁股坐在理性上，左手握住些感性，右手握住些悟性，如此这般，大概可以活得平稳快乐。”记住啊，要主次分清，不能本末倒置，共勉共勉。

三

痴情的傅恒也认同“璎珞是个永远只会向前看的人。”

“弃我去者，昨日之日不可留；乱我心者，今日之日多烦忧。”要懂得为自己的情感减负。

再说，一个人对自己的明天有信心，自然有魄力对昨日往事做果断的切割。有的感情，不管当初如何铭心刻骨，但过去了就是过去了，两岸猿声啼不住，轻舟已过万重山，刻舟求剑就是笑话。

谁离了谁都能活，没有谁不可替代。也许我们喜欢的根本不是一个人，而是一类人，只要你的眼光不滑坡，从这一类人中任选一个，估计过得都会差不多。

朋友圈前些日子曾疯传一句话：“一个合格的前任，就应该像死了一样。”说的就是一别两宽，各自安好，彼此不再打扰。

说忘不掉，其实就是执念，如果想忘，你会找出一百零一种方法来覆盖过往。

再爱，也是过去了。乱花迷眼时，我爱那个能爱的人；但当尘埃落定以后，我只爱这个该爱的人。

我能想到的最爽利的前任对话，是这样的：

“分手以后，你想过我吗？”

“没有。做梦都没梦到过。”

全职主妇不挣钱？那咱们就来算笔账

一

《我的前半生》热播，曾引起了又一轮对全职主妇这个高危行业的大讨论。

全职主妇历来都是女性鄙视链的末端，这次也不例外：“安全感还是要靠自己给，所以，女人一定要有工作，一定要自己挣钱。这样一不和社会脱节，二让自己有保值升值空间，最最重要的是，一旦婚姻出现变故，不会两手空空，流落街头，那真是太惨了！”

这样的句子看得都腻了。

从女性自身抗风险的角度出发，这说法一点没错，但全职主妇真的不挣钱吗？

连带着很有一大批男人，也大言不惭：“我老婆不挣钱，全靠我养。”

呵呵，咱们来算一笔账，看看主妇们要做的家务活儿到底值多少钱？一样一样掰开来揉碎了地算。

大部分全职主妇并没有罗子君那样的好命，事事要亲力亲为。

先说做饭。

如果家里没有主妇一天三顿热汤热菜荤素搭配地给你端出来，肚子饿了请你去要外卖或到外面买。按最低标准，平均早饭十元，午饭二十元，晚饭十五元，吃饭一天需要花四十五元，万一你哪天想改善了，再加上两个茶叶蛋，那就是五十元（鸡鸭鱼肉你想都别想）。主妇在家做饭的工资，每天按五十元计算，简直不要太便宜好吧？

再说洗衣服，如果没有她吭哧吭哧刷你的衬衣领子，搓你的臭袜子，按颜色深浅把你的衣物分类扔进洗衣机，洗完了再一件一件抖平晾干，再给你熨烫平整，那请把你的衣服拿到洗衣店去洗。如果你卫生习惯一般般，一周至少也要去两次，一次五件，洗一件平均二十元（大件另算）。一周就是二百元左右，平均下来，一天差不多是三十元。

还有必不可少的保洁工作，全职主妇每天至少需要一个小时来打扫卫生，如果把这项工作外包，按我所在城市的当前标准是每小时二十五元。

如果你家有上幼儿园或上学的小孩，那早送晚接，上各种兴趣班，需要雇个专用司机，每天不多算，至少一百元。

孩子每天的功课辅导，就目前本市价格我专门采访了一下在辅导机构做老师的朋友，一对一家教每小时一百元到二百元不等。主妇们每天要搭上时间督促、陪写作业，按老师要求签字、检查，甚至听写，受教育程度高的还会再做一些拓展阅读，每天要花去两个小时。折个中吧，这一项按单价一百五十元计算，每天三百元。

把这几项最基本的工作估值统计一下，每月折合人民币：（50+30+25+100+300）×30=515×30=15150 元。

还有上街采买跑腿费，替你去看你爹妈的探视费，家庭成员生病了的陪护费，或者孩子犯了错被老师叫去劈头盖脸骂一顿的精神损失费……这些值多少钱？

什么？你说反正你走不开她正好闲着，做这些不正好吗？

时间对每个人都是一样的，怎么到你这儿就金贵到她那儿就廉价了呢？这些琐事就算你找个朋友帮忙，事后也得请人家吃顿饭还个人情吧？你把请人吃饭的预算折算成人民币给她了吗？

二

你会说："都一家人了还要啥钱？那么做不是太见外了？"

那你说"我老婆不上班，要靠我养。"这话是啥意思？请你解释一下。

说难听点，把她的家务劳动折合成现金，每月这么一大笔数目你付得起吗？很大一部分工薪阶层恐怕会有些吃力吧？

你用一个"太太"的称谓，雇用了一个一生无休的全天候保姆、厨师、保洁员、洗衣工、司机、家庭教师等等集多功能于一体的女人，性价比不要太高呀！

你说你养她，那你敢让她罢一周工吗？除非你向外购买服务，否则你们家的生活会基本停摆：地不会自己变干净，饭不会自己跑上桌，孩子也不会喝着西北风自己长大。

准确点的说法应该是：你拿钱回家，她替你养家。

我表姐不上班，全职在家照顾俩娃，姐夫在外做生意。有一次去她家吃饭，姐夫那两年挣了点钱，一时在饭桌上得意忘形起来，他开玩笑地对着姐姐和两个孩子说："你们几个，全都是吃喝我一人的！"

我姐闻言放下了筷子，正色道："来，说一说，我们吃喝的都是谁的？"姐夫觉得她脸色不对，连忙嬉皮笑脸举着姐姐新蒸的馍馍道："这蒸馍的面不是我买的？"

姐姐立即反问："那你咋不去吃你的面，吃馍干啥呢？"

又不依不饶指着盘子里的菜道："这菜也是你的钱买的，你怎么不直接放嘴里吃，要等我炒熟了才吃呢？"

姐夫答不上来了，只剩一脸讪笑。

永远不要忽略家庭主妇们的价值，更不要无视她们的辛苦，抹杀她们的功绩。

前几年开两会，有一个女代表的提案是"要立法给家庭主妇们发工资"。引起一片哗然，最后不了了之。人们不能接受这样的提议，包括很多女性也觉得多此一举："我们家的钱都归我管了，有必要吗？"

有必要。因为还有很多女性在家庭里不但没有经济权，连话语权都没有。她们每天很辛苦，还要被老公以不挣钱为由嫌东嫌西，颐指气使。

每一份劳动都有它相应的价值，当许多人还没认识到家务劳动的辛苦，法律的认可会让社会重新正视家庭主妇这个群体。

如果当时立法成功，主妇们现在就可以拿着自己劳动所得的钱对自己好一点，毫无愧疚感地去买一点自己真正喜欢的东西；或者豪爽地对老公送上一份人情：“你挣钱不多，这个月你欠我那一万我就抹了。”那感觉，光想想就够爽的。

三

你以为这样只惠及全职主妇？错了，它对在家庭和事业之间来回奔忙的女性同样功德无量。

当家务劳动被市场合理地标价，认为做家务就是女性天职的先生们会多一份自省和心虚，从而愿意主动分担一点家务。

世上的活儿没有谁该谁不该，一切都和社会发展息息相关。

一百多年往前，女性没条件接受教育走上社会，没法靠工作来养活自己，只好把家务全包，“男主外女主内”的分工没啥毛病，总要为家庭做贡献嘛！

现在好了，女性有了工作权，可是跟一百年前相比，为什么大家都觉得更辛苦了呢？“一截蜡烛两头烧”，忙完了职场还要忙家里。于是新女性标准产生了：“上得了厅堂，下得了厨房，杀得了木马，翻得了围墙，开得起好车，买得起好房，斗得过小三，打得过流氓。”

这个标准不知误导了多少女性，好像我们只剩下一条路可走，那就是自己不停地扩大内存增强能力，恨不得一下子长出八只手，像个陀螺一样转转转，才是解决困境的唯一出路。

这种逞强里带着无奈，就像玩游戏的人，不断升级更新，却永远也赢不了。

因为你不是制定游戏规则的人。

如果规则制定权始终不在你手里，你被玩死也活该。

与其带着一腔孤勇打鸡血，不如换个思路，从另一个角度重新审视问题。

徐静蕾说过一句话："让他们在自己的规则里玩吧，我们不奉陪！"

这个"不奉陪"，包括了在提升自己的同时懂得为自己减负，家务该给老公分配就分配，该外包就外包，谁要是拿一百年前的标准衡量你，说你"不是贤妻良母，不是好女人"，你只需要给个背影让他们自己体会。

包括了学会理性思考问题，不要一味问"怎么办"，而是问"为什么"，知道了为什么，怎么办就不是问题啦！

包括了该学会为自己的群体鼓与呼，不断发声，每一只蝴蝶扇动翅膀，也许就会是一场春雨的前兆。

好过一点是一点，总比活活累死强。

当我对闺蜜说，我要写一篇关于女性家务劳动价值的文章时，她举双手热切盼望，因为她忍她爸已经很久了。

她爸这两年身体不好，全靠她妈照顾。她妈每天忙前忙后累得半死，她爸永远一副心安理得的样子，还总觉得她妈照顾得不够好。

她爸还是个守财奴，恨不得把钱串在肋骨上。

闺蜜提醒爸爸给妈妈买生日礼物，但是她爸说："你妈自己也有退休工资。”

闺蜜说：“妈妈照顾你这么辛苦，你应该对妈妈有所表示。”

她爸居然说：“她是我老婆，伺候我就是应该的！”

这就是现状，有不少中国男人的大脑回路还是一百年前的构造，但在钱的问题上却异常精明，他们把对外需要付费购买的服务，变相转移到家庭内部的女性身上，无偿享受你的劳动，还不忘用道德的锅盖扣你一下。

每一项劳动都有其自己的价值，应该得到相应的认可和回报，不管是物质还是精神，至少应该有一样儿。那些说做家务是女性天职，家庭主妇不挣钱的人，现在是时候好好想一想了。特别是我闺蜜她爸那样的人。

一个人变讨厌，是从喜欢说“我是为你好”开始的

一

大概每个“鸡汤”故事，都喜欢以“我有一个朋友”开始。嗯，那么，也让我就从“我有一个朋友”这里开始吧。

我有一个朋友，从去年到现在，她一直赋闲在家，当然人家的赋闲是有收入的，而且还不菲，而且的而且，是合法合规的。之前那么忙的一个人，现在忽然有了大把的时间，来研究做吃的。家里平常也就俩人吃饭，但上个月她家光买食材的钱就花了一万多。

除了做吃的，她还开始健身，我上次见她，肉眼可见背薄了，问她诀窍，她答曰：蹭尖儿。

啥玩意儿?

在小区里找一个上面有凸出的健身器材，把背靠上去上下来回蹭，据说能治脊椎病。每天早上蹭的人可多了，有时候大家还排队，她还得和一帮老头老太抢蹭。

我有点崩溃。没法想象一个高知高职、眉眼清亮的女生，现在竟然热衷于和一帮老头老太抢一个健身器材尖尖，抢到了就开始背对着摩擦摩擦的滑稽画面，我宁可她和他们一块去超市、药房里排队领鸡蛋。

这简直是堕落，不能忍。

我不止一次地旁敲侧击：亲爱的，这不该是你的生活，根本没法体现你的价值。你应该好好规划一下接下来干点啥，你这样天天窝家里吃吃喝喝纯粹是浪费青春光阴，我不信你能甘心。

最后一次说这话是前天，彼时正喝着她做的桃胶粥，吃着她削的雪花梨。

她笑嘻嘻地答道：可是我真的喜欢我现在的生活，不想见谁就不见谁，不想理谁就不理谁，想干啥干啥，终于实现了人际关系自由。从前在单位身兼要职，不能轻易得罪人，遇到再讨厌的人都得亲亲热热和和气气，真累。

她最后领情地说：我真觉得现在挺好。谢谢你啊，亲爱的，我知道你是为我好。

我想就这个问题我该永远闭嘴。一定是公号鸡汤喝多了，狭隘地认为人只有工作才快乐。

脑子里这时有另一个声音说："谁告诉你只有工作才一定快乐的？"工作最大的可见好处是能增加人的安全感，至于快乐，那倒真不一定。

我爸之前总叨叨让我回单位上班，说总没工作不是办法。我说我在家写字也是工作，他说不是，不去单位打卡上班的人就叫没工作！我默默地翻了翻白眼。

在“劝人好”这件事上，我和我爸本质上没啥区别。

想当然地认为别人过得不好，比想当然地认为别人过得好还肤浅。个人的生活经验不见得适于别人，在给别人建议这件事上，一定不要想当然。

打着为别人好的旗号，灌输自己的价值观，真的是挺讨厌的。

可长点心吧我。

二

我还有一个朋友。我们俩非常非常不同，不同到了周围的人看我们在一起就觉得违和。

她不止一次跟我提起，她身边总有人问她，为什么和我会成为朋友？言外之意我听得出来。我从来没告诉过她的是，我身边也有人总问我，为什么和她会成为朋友，明明看上去压根儿不是一类人。

我们是顶着各路压力做朋友的，这比爱情还感人。

我俩不一样我们自己不知道吗？从饮食到穿着，从择偶到理财，从小的生活习惯到大的人生观，统统统统不一样。

但我们从十几岁就认识到现在，矢志不渝地走了小二十年，从来没有丢开手，就这么一起在人海中浮沉。

我们相识于微时，这里的“微”指的是年少单纯。那时人生观都还没有定型，自己都还没标准，哪里懂得嫌弃别人。再晚几年认识未必会成为朋友，因为我们已经有了标准，会去苛刻地甄别筛选。

我们稀里糊涂地趁着双方心地开阔混沌的时候，像种小树苗一样把对方互相种在心里，现在这棵树各自长成了各自的样子，明知道品种不同，但要拔除，疼痛的首先是泥土。所以，也就只能这么着了。

会互相看不惯吗？那是当然的。要不然她也不会跟别人如此解释：“我们是求同存异。”听起来简直就像是在一堆沙砾里面挑豆子。

我们之间最大的“相同”，就是从年少时起养成的习惯：不干涉对方。

上个月我们一起出去旅行。从旅行一开始，她就不停地吃东西，我睡觉前就看到她在吃，第二天一早我醒来，看到她还坐在我床头吃。她喊我一起，我断然拒绝。

我觉得她不自律，她觉得我无趣。和在很多事情上一样，我希望她谨慎、节制、有把握地去尝试，她希望我勇敢、热情、放下包袱地去体验。我悲观，她享乐，没有褒贬。

其实我很想说：“亲爱的你不能再吃了，你的身材需要管理了。”但是没有，我知道说了她也不会听，还弄得双方都不开心。都是成年人，利弊大家都懂，重要的是看自己选择什么优先。

还有很多事，我都想给她建议，但由于习惯使然，我一如既往地保持缄默。

在西湖边上，她说了一段话深得我心：“你有些做法我不认同，相信我也有很多地方让你很讨厌。我知道你有很多话你忍着没说，但说了估计我也不会听，大家就这么各自往前走，谁掉坑谁倒霉呗！”

这话通透。选择什么样的活法，都是愿赌服输，落子无悔而已。作为旁观者，应该放下成见，尊重接纳别人与自己的不同，参差多元才是生命的本来形态。如果大家都一样，世界该多么单调。

你越辽阔，世界越开阔。

三

看《奇葩说》，刘媛媛回怼过高晓松一句：“我将来就是到六十岁，我也不会跟人家说：哎，你知道吗？……”

当我们以为可以给其他人一些人生经验的时候，我们就开始变得讨厌了。

“我是为你好”，本质上是自以为的“为你好”。

有没有一种可能，在我们的潜意识里，是借着“为你好”的名义，来证明自己的价值，刷一波存在感？来干涉别人，扩大自己的三观阵营？甚至，在灵魂的世界里党同伐异，只为了让眼前的世界更顺眼一点呢？

否则，怎么解释当别人不听劝的时候，我们那么愤愤不平？

这样看来，那些口口声声说着“为你好”的人，其实很自私霸道。

严歌苓说自己在家从不唠叨孩子，如果有些问题她能意识到就意识到了，多说无益，只会让人讨厌。

“我不想成为一个让人讨厌的人。”她说。

当我们越来越老，面对比我们资历浅的人，就要时常心存警惕：可以教工作方法，可以教业务技能，但千万千万别唾沫星四溅的给人讲人生道理。给“术”就可以了，千万别“传道”，“道”靠人自己悟。一代人与一代人不同，你辛辛苦苦积攒了十年二十年的人生经验，可能已经过时，根本行不通。

孔子说：忠告而善道之，不听则止，勿自辱焉。相形之下，越显得“我是为你好”这五个字油腻，腻了吧唧的。

都是普通人，能独善其身已然很难，别人的事不评判，少掺和。年纪越长，越要警惕自己的人生经验给自己抹黑，对人生多一份三缄其口的敬畏，省得别人面上笑嘻嘻，心里偷骂你。

有那工夫，把注意力放在自己身上，专注地朝着目标前进。当你自己活成了一道星光，暗夜里的人们，会自然地觅光而来，胜过你的万语千言。

对自己不好，是要遭报应的

一

前一阵子，我差不多逢人就梗着脖子嘚瑟：见过这么大的淋巴结没？见过没？

我的颈部淋巴结，已经肿到像鸡蛋那么大，白天转头费劲，牵扯得肩背肌肉都疼，晚上睡觉翻身都困难。一开始高烧，好不容易降下来，变成了天天低烧，足足烧了一个月。

肿瘤医院、结核病医院、中西医结合医院……前前后后跑了六七家，吃药打针输液都不管用。

肿瘤医院大夫一看彩超就说："马上做穿刺，不要等了。"结核病医院大夫则一见就说"先做个结核菌素试验排除一下"，另一个大医院的大夫则建议我去北京做进一步检查……乱了乱了全乱了。

检查一样样做过去，没有发现实质性问题。

大家都觉得：明明有问题，却总检查不出来，有可能是大问题。

比病更让我有压力的，是大家的关心。

那几天，会时不时接到这样的微信：“确诊了没？”

我一看这样的问候就奓毛了：切，确诊啥呀？确诊这个词很不吉利，意味着怀疑的事儿的确发生了。

这样的微信我一个都没回，没拉黑他们都不错了，哼！

后来，我烦了，索性放弃治疗。

后来的后来，我痊愈了。

烧退了，淋巴结也不肿了，我又活蹦乱跳地走在太阳底下。

别人问：咋好的？

我说：去药房买了五块钱的蒲公英，天天冲水喝，喝着喝着就好了。

就这么简单？

呃……其实就是大量喝水。

还有：

别熬夜，少看手机。

别熬夜，少看手机。

别熬夜，少看手机。

重要的事情说三遍。

没有规律和节制的生活，会造成人体免疫力低下，进而引发免疫系统疾病。直白点说就是：不作死就不会死。

二

我生病的原因自己都不好意思说。

那段时间，我天天熬夜追剧，随便胡吃点东西打发一日三餐。淋巴结就是那几天慢慢肿起来的。

更亏的是：我追的那部国产剧，竟然是个烂尾剧。

后来看一个访谈节目，该剧女主角接受采访，她笑着说之前跟这部戏的导演合作过，因为太赶进度而心有余悸。这次导演来找她，她接戏的一个重要条件是：为身体考虑，我不拍夜戏。

我忽然获悉了她美貌的秘密：怪不得三十多了颜值一直在线，尤其是那双清亮的眼眸让人移不开视线。那种清亮绝不是戴美瞳戴出来的，一看就是纯天然，是身体特别健康的人才会拥有的眼睛。用《老残游记》里的话说就是："如秋水，如寒星，如宝珠，如白水银里养了两丸黑水银。"

我有个朋友也在该剧中出演重要角色，我去求证此事，回答是：这是真的，女主一到点就收工，早早休息，第二天再精神抖擞地来片场。

我倒吸一口凉气：都说演戏的是疯子，看戏的是傻子。我这倒好，人家演戏的没疯，我看戏的倒先傻了——不但傻，还病得不轻。

朋友还说：女主特别会养生，除了不熬夜，她吃东西都非常健康，绝不胡吃海塞。她的颜值与身材保养得宜，和这些生活习惯是分不开的。

毕竟管理好自己的身体，才有机会接到更多更好的角色。一个演员为自己在镜头前的形象负责，也是一种敬业嘛。

其实不只是演艺界，无论哪个行业，懂得照顾好自己的人，才有可能走得更长远。否则野心再大，没有相匹配的身体都是白搭。

就连诸葛亮算上，当年若不是太过鞠躬尽瘁，非要事必躬亲，而是抓大放小懂得养精蓄锐，大概不会弄到“出师未捷身先死”吧？连历史的走向都会不一样。

三

小说《黑骏马》里面有段情节：黑骏马马掌上的钉子已经松动，有人好心提醒它的马夫，但马夫全然不当回事，依旧鞭打着它上路。

马掌越来越松，越来越松，最后掉了下来。马夫没在意，继续抽鞭子让马快跑，马儿没有了马掌，那个蹄子开始钻心的疼，没多久就裂开了，里面的嫩肉被锋利的石子割得血肉模糊。终于，马坚持不住了，一个踉跄重重摔倒在地，马夫也被重重摔了出去，当场摔死。

查明事情真相的人们都说：这不怪马儿，怪马夫他自己。

我就是那个糟糕的马夫，我的身体就是那匹倒霉的马。作为一个骑马的人，对马只是驱使不懂保养，被摔下来也活该。

我的淋巴结肿痛，大概就是这匹马疲惫之下冲我尥蹶子。

不爱惜身体，真的会遭报应。

不仅如此，我还拖累了别人。

因为病总也不好，连我母上大人都惊动了，把一岁多的小侄儿丢在家，坐高铁过来陪了我整整一星期。我爸一个老中医竟然乱了手脚，提议我一天吃一条蜈蚣。

好像是法顶禅师说过：“人生的态度不能散乱，因为不仅影响自己，还会影响身边的人。”很明显，因为对自己的不当心，我已经影响了父母的生活。

直到现在，我仍然隔几天就会接到我爸妈的电话，问的只有这一句：“脖子没肿吧？”面对他们的不放心，我内心全是深深的歉意与愧疚。

四

前几天看到一个段子，说一个女子因为太要强弄坏了身体英年早逝。她去天堂报道，上帝却说：你应该下地狱。

她气愤委屈：我不是坏人，活着的时候那么拼命做事，凭什么我该去地狱？

上帝说：你看看你的身后。你孩子失去母亲，蓬头垢面被人欺负，你母亲没有了女儿无人赡养孤苦伶仃。你没有照顾好自己以致早死，应尽的义务都没有尽到，让自己的挚爱亲人因你受苦，你怎么配进天堂？你不下地狱，谁下地狱？

这个段子如当头棒喝，让我从头凉到脚。小时候看古装剧，时不时看到人在自杀前会向天大喊一声：“爹，娘，孩儿不孝，先走一步！”觉得好狗血。现在想想看，我还不如人家，天天慢性自杀，可曾为父母想过半分？笑人家狗血，却不知自己在狗带。

“身体发肤受之父母”，是不是可以下一个这样的定义：所有过度使用、作耗身体的行为，上升到道德层面都该归类为不孝。

刷手机熬夜，不喝水，不运动，钻牛角尖让自己陷入糟糕的情绪——当我们干这些事情的时候，我们都该轻轻问自己一句：我这么做，对得起我爹妈吗？

念起即觉，觉即不随。如是而已。

五

白岩松说：“生命不只是使用，还应该有奖励。”

这些奖励里，当然不能少了一条，那就是：对自己好。

对自己好，不是叫我们天天与奢侈品为伍，也不是要我们天天文艺旅游小清新，那都是美其名曰“对自己好”的空壳子。真正对自己好，其实很简单很朴实：

饭要趁热吃，觉要按时睡，加班别太过，凡事看得开。

水果蔬菜趁新鲜，当天买回来至少吃一次，不要往冰箱里一扔一星期，快烂了才想起来；

加入一个早睡打卡群，每天坚持打卡早睡；

像养狗一样养一个运动习惯，经常把身体拉出来遛一遛。

看起手机来别没完，让没用的碎片化信息通过链接叠加，一再占用大脑空间。

还有，要乐观要豁达。没事别给自己添堵，离糟心的人和事远一点，一旦遇上，像清理垃圾一样尽快解决，不让它们搁在心里发馊发臭占地方。

听起来简单吧？但真正做起来却不见得容易。我们太自私太偏心，总是对灵魂无限度纵容，对各种大大小小的欲望不管理，对身体的哀求视而不见听而不闻。

我们也太盲目自信，遇事容易起执念，不见棺材不落泪。曾国藩曾给患肝病的弟弟写信，劝他戒怒：“吾兄弟欲全其生，亦当视恼怒如蝮蛇，去之不可不勇，嘱之嘱之。”无非就是担心他做了情绪的奴隶，影响健康寿命。

人生而不易，骑着身体这匹娇贵的马，手里举着梦想这只易碎的瓶子，脚下却是磕磕绊绊的路。所以时时刻刻要当心啊，只有爱护好我们的马，它才会护持着我们的梦想不让它破碎，才会安全地带我们去到想去的地方。

每一场分离，都值得好好道别

一

毕业那天，兵荒马乱。头天晚上一大帮人喝高了，第二天火车快到站了才醒过来，大家手忙脚乱收拾好行李，像逃兵一样仓皇四散。

半路上有人说刚才看到阿盛一个人去火车站了。

阿盛是我的上铺，新疆人，在一起住了几年，临了都没顾上与她道一声别。当时也没想别的，只想：都别误了点就好。中国不就这么大吗？以后一定还有机会再见的。

少年总是轻别离。

在懵懂中，我们就这样各自向天涯。

生活没有剧本，不会按个人意愿上演。一毕业，大家全被吸进了一个叫社会的旋涡，忙着挣扎活命，后来略略站稳脚跟，又被一个叫现实的家伙牵着鼻子走，根本无暇回头。N 年过去，同学之间几乎全都断了联系。

今年，班长加了我微信说：聚聚吧，把同学们都找回来。微信群里人越来越多，大家惊喜地互相问候，但是，谁也没阿盛的联系方式，只听说她刚毕业时先去了一个叫阿拉山口的地方——阿拉山口，听起来好遥远啊，后来，就不知所踪了。一直到我们回母校重聚，也没见到阿盛的身影，谁也不知道她如今在哪里。

我意识到一件事：我们和阿盛，也许已经终生失散。

实习的时候，有个其他医学院的男生和我很聊得来，我们天天中午一起进餐。我记得他胃不好，如果饭凉了，他吃到一半就会皱起眉头。有一天，他对我说，再过两天他就要实习结束返校了。

又过了两天，他来到我的科室，没有穿白衣。

我当时正忙，他站在那里耐心地等我，欲言又止。我并没怎么在意，过了一会儿，他就走了，出门时对我意味深长地笑一笑，像是忍住了一个秘密，就轻轻虚掩住了门。第二天，我没见到他，问别人，才知道他实习结束已经回去了。

直到今天，我再也没见过那个男生，但是他临出门那一笑，我却怎么都忘不了。

如果，当时能互道一声再见，我今天就不用把他写到文章里来。

几年前，公司有个前辈，坐我对面，总爱说“大家能在一起工作是缘分”，我觉得特别俗特别假，谁出来混不得遇到人啊，不遇到你就遇到他。我特别烦他的一点，就是他太能抽烟，因为吸二手烟，我一度被熏得得了肺炎。

有一天正在开会，他忽然闯进来，说：“我退休了，和大家告个别。”撂下这句话，就像一阵风似的走了，留我坐在沙发上愣然。现在偶尔和同事们谈起和他在一起共事的日子，曾经的烦恼，竟成了积古的笑谈。

世界太大，渺小如人，像一滴水，一转身就消失在茫茫人海，无迹可寻。虽是生离，细想却是死别，因为这一生都再也不会或不用相见。一想到这里，怎么还有理由不好好跟人说再见。

二

世界很潦草
没有一笔是工整的
你看，山河蜿蜒
鱼龙混杂
草木，节外生枝

——唐政

人何尝不也如此，我们被命运裹挟着南征北战，在岔路口分分合合，不断遇到一些人，又不断告别一些人。有活久见，就有活久分。

从前，我有一个亲如姐妹的闺蜜。我们无话不谈形影不离，最无奈最辛劳的岁月，我们是彼此的精神依靠，共过笑也共过泪，那些昏暗的日子，对方的存在若一点明亮的烛光，深深温暖过心房。我们习惯了走路时很自然地十指相扣，手心与手心默契地叠在一起，这个动作至今想起仍觉惊心动魄。

我家就在她家楼上，她最过分的一次，是过家门而不入，在我家窝了好几天才被她父母发现。当我要离开家乡的城市时，最难过的人是她。离别时她很郑重地送我，上车隔着车窗挥手时，我都不敢看她含泪的眼睛。

我很担心她不适应，我的离开对于其他人而言无足轻重，可是却叫她的世界缺了一个角。我曾经住过的房子空了，她路过楼下的时候，心会不会空；午餐时间，不知道她会约谁；我的手机号码已经报停，家里电话打过去，那边已不是我接听；在她深夜负气想要离家出走的时候将无处可去，心情不好有事想找人商量的时候，环顾左右，该找谁诉说。

我多虑了。一年半后，我再回去，发现她又有了新的朋友圈，我甚至从她的眼神中读到了疏离和陌生。这才明白，从前两小无猜的岁月已经过去，生命已经进入了另一个阶段。在她送我上车的那一刹，我们已经各奔前程。

这世上谁离了谁都行。朋友不用做一生，只要有人曾愿意陪你走一程便已足够。

我们眼下的生活太过便捷，登车登机去哪里都分分钟搞定，何况还有网络和手机。所以，离别似乎就不再需要那么伤感，这不就是“海内存知己，天涯若比邻”吗？未必，等闲变却的，最是故人心。不要低估了时间和空间的稀释力，友情如同爱情一样，要落在见面吃饭逛街这些俗事中才有生命力。再好的朋友不常见，当失去现实的依托，变淡，是一定的。

三

现在的我，身边仍然有一堆爱折腾的朋友，不是你走就是她走。在一次次的分别里，我渐渐获得了清晰的“分离观”：相聚的时候，要明白它会有到期的一天而好好经营，等到真正分离的一刻到来，尽可能看淡。生命就是这样，不断有人走进来，也不断有人要离开，流水不腐才是常态。要珍惜，也要超然。

只是别忘了好好地道一声珍重，就像明知天下没有不散的筵席，最后都会意兴阑珊，仍要坚持上完最后这一道甜点。

对离开的人，我认真地为他们饯过行，一次次蹲地捡起他们擦过眼泪的纸巾，会送一些小礼物给他们，如果有时间尽可能送站送机；而当我自己离开，我会认真地与朋友们一一道别，接受他们的眼泪、拥抱和祝福。劝君更尽一杯酒，西出阳关皆故人。我是，你也是。

放心，当你离开，我每天照样会穿漂亮的衣服，吃好吃的菜，听走心的歌，结交有趣的人，该做的事样样不落，紧凑地活着，不浪费一分一秒的生命。你在与不在，我都同样精彩。

好好道别，明知无力对抗命运，也请坚持用仪式感来缓冲一下失控感。除了是礼貌和教养，还是对这一世共同经历岁月的交代，证明这一场相遇相携多少有可圈可点之处，从此山高水长，林密草深，渐行渐远的我们只剩回忆可玩味，直到它最后被遗忘，被风干，被苍茫世事一层层的覆盖、掩埋。